# Wolfgang Herrndorf
# Tschick

Von Eva-Maria Scholz



Reclam

Dieser Lektüreschlüssel bezieht sich auf folgende Textausgabe:
Wolfgang Herrndorf: *Tschick*. 24. Auflage. Reinbek bei Hamburg: Rowohlt Taschenbuch Verlag, 2012.

RECLAMS UNIVERSAL-BIBLIOTHEK Nr. 15442

Gestaltung: Cornelia Feyll, Friedrich Forssman
Gesamtherstellung: Reclam, Ditzingen. Printed in Germany 2014

ISBN 978-3-15-015442-7

Auch als E-Book erhältlich

www.reclam.de

# Inhalt

# 1. Erstinformation zum Werk

Bevor im Jahr 2010 der Roman *Tschick* erschien, hatte Wolfgang Herrndorf (1965–2013) erst zwei literarische Werke veröffentlicht: Seinen Debütroman *In Plüschgewittern*, der der Berliner Popliteratur zugerechnet wird, und einen Erzählband mit Kurzgeschichten. In seinen seltenen Interviews wurde Herrndorf gefragt, wie die Idee entstanden sei, nun ein Jugendbuch zu schreiben. *Huckleberry Finn, Herr der Fliegen, Arthur Gordon Pym* sind die Lieblingsbücher seiner Kindheit, die ihn dazu inspiriert haben. »[Beim erneuten Lesen] habe ich festgestellt, dass alle Lieblingsbücher drei Gemeinsamkeiten hatten: schnelle Eliminierung [Auslöschung] der erwachsenen Bezugspersonen, große Reise, großes Wasser.«[1] Die Überlegung, wie sich diese Grundelemente heute aufgreifen und in einem Jugendroman aktualisiert umsetzen lassen könnten, führte zu *Tschick*. Die Arbeit am Stoff schloss Herrndorf allerdings erst sechs Jahre nach diesem Einfall ab. Das Fehlen der dritten Zutat, des Wassers, erschien Herrndorf nötig, um den Anschluss an das Hier und Jetzt zu finden. »Mit dem Floß die Elbe runter schien mir lächerlich; in der Bundesrepublik des einundzwanzigsten Jahrhunderts als Ausreißer auf einem Schiff anheuern: Quark.«[2] Er verwendete ein gestohlenes Auto, das den beiden Protagonisten die Fahrt ins große Abenteuer ermöglicht und Herrndorf auf die Bestsellerliste steuerte.

Die Idee zu *Tschick*

Aktualisierung der Kindheitslektüre

*Tschick* ist die Geschichte zweier Jugendlicher, die ge-

gensätzlicher nicht sein könnten. Der Ich-Erzähler Maik stammt aus reichem Hause, lebt in einer Villa mit Pool und ist ein unauffälliger, ruhiger Typ. Der russische Spätaussiedler Tschick fällt hingegen sofort auf. Er erscheint betrunken im Unterricht, ist wortkarg, die wildesten Gerüchte ranken sich um ihn. Eines haben die beiden dennoch gemeinsam – sie sind beide Außenseiter. So schaffen sie es, ihre Heimatstadt Berlin unbemerkt zu verlassen und mit einem gestohlenen Auto durch die ostdeutsche Provinz zu fahren. Auf ihrer Reise machen die beiden allerlei seltsame Bekanntschaften und meistern zahlreiche knifflige Situationen. Obwohl das Abenteuer abrupt endet und sie zum Schluss nur um Haaresbreite einem größeren Unglück entgehen, das sie durch ihren jugendlichen Leichtsinn zum Teil mitverschuldet haben, gewinnt vor allem Maik neues Selbstbewusstsein und kann sein Selbstverständnis als Langweiler und Feigling revidieren.

In Herrndorfs Roman finden sich somit Anklänge an das Konzept des Bildungsromans bzw. der Heldenreise. Der Autor schickt seine beiden Protagonisten auf eine Odyssee in das Unbekannte, aus der diese dann gestärkt hervorgehen.

*Tschick* wurde mit zahlreichen Literaturpreisen ausgezeichnet und in Rezensionen hochgelobt. Die Tatsache, dass zwei Vierzehnjährige im Mittelpunkt stehen, tut der Beliebtheit bei Lesern aller Altersgruppen bis heute keinen Abbruch. So rezensierte beispielsweise die F.A.Z.: »[E]s [ist] ein großartiges Buch, egal, ob man nun dreizehn, dreißig oder gefühlte dreihundert ist.«[3] Der deutschen Ausgabe folgten schon bald Übersetzungen in zahlreiche Sprachen. Bisher wurden über eine Million deutschsprachige Exemplare von *Tschick* verkauft.[4]

## 2. Inhalt

»Als Erstes ist da der Geruch von Blut und Kaffee. Die Kaffeemaschine steht drüben auf dem Tisch, und das Blut ist in meinen Schuhen. Um ehrlich zu sein, es ist nicht nur Blut.«

Maik Klingenberg ist vierzehn Jahre alt, besucht die achte Klasse des Hagecius-Gymnasiums in Berlin und bezeichnet sich selbst als Außenseiter und notorischen Langweiler. Das mag seltsam anmuten, wenn man die ersten Zeilen des Romans liest (s. o.), die den Protagonisten und Ich-Erzähler Maik so gar nicht als drögen Stubenhocker erscheinen lassen. Aus der Rückschau berichtet Maik, wie es dazu kam, dass er blutend, eingenässt und lädiert auf der Station der Autobahnpolizei gelandet ist. Dieses Szenario nimmt das Ende der gemeinsamen Reise von Maik und seinem neuen Freund Tschick vorweg, die im Zentrum des Romans steht.

### Das Ende der gemeinsamen Reise: Kapitel 1–4

Die Hauptfigur Maik Klingenberg, deren Namen der Leser nach gut einer Viertelseite erfährt, sitzt blutend und angeschlagen auf einer Station der Autobahnpolizei. Vor lauter Angst hat er sich sogar in die Hose gepinkelt. Er ärgert sich darüber und ist sich sicher, dass Tschick, der irgendwie vor der Polizei flüchten konnte, so etwas nicht passiert ist. Maik ist überfordert mit der Situation und überlegt, ob er vielleicht einen Anwalt bräuchte, da er erfährt, dass er entgegen seiner Annahme mit seinen vierzehn Jahren bereits strafmündig ist. Doch noch bevor er über Konsequenzen dieser neuen

Das Ende zuerst

Erkenntnis nachdenken kann, kippt er ohnmächtig vom Stuhl.

Er erwacht im Krankenhaus, nur um kurz darauf wieder in einen tiefen, durch starke Medikamente bewirkten Schlaf zu verfallen. Er ist verletzt, verliert aber nicht viele Worte darüber, da er sich im Krankenhaus sehr wohlfühlt. Einzig das Gespräch mit dem Arzt, der Maik Fragen über den Ursprung seiner Verletzungen, das Verhalten der Polizei und das Ziel der Reise stellt, bereitet Maik Unbehagen.

### Maik und die Klasse: Kapitel 5–8

Maik hat keinen Spitznamen und hatte auch noch nie einen. Seiner Meinung nach liegt das daran, dass er langweilig ist und dass er keine Freunde hat. Sein einziger Freund Paul ist weggezogen, als Maik auf das Gymnasium wechselte, und ist Maik zufolge seitdem seltsam geworden. Maik sagt, er sei nicht gut darin, Leute kennenzulernen, er ist ein unauffälliger Einzelgänger. Er erzählt, dass ihn das erst zu stören begann, als er sich in die Klassenschönheit Tatjana Cosic verliebte.

Ein einziges Mal ist Maik aber doch aufgefallen. Das war in der sechsten Klasse, als er im Deutschunterricht einen Aufsatz vorgelesen hat, der ihm für einige Zeit den einzigen Spitznamen seiner bisherigen Schulzeit einbrachte: »Psycho«. Maik hatte in diesem Aufsatz eine wahre Begebenheit geschildert, nämlich den Aufenthalt seiner alkoholkranken Mutter in einer Entzugsklinik – von Familie Klingenberg »Beautyfarm« genannt. Als der Mädchenschwarm André Langin sich darüber wundert, dass eine

Der Spitzname »Psycho«

»Schlaftablette« (35) wie Maik den Namen »Psycho« trägt, ist es damit auch schon vorbei, und Maik verschwindet wieder in der gewohnten Unauffälligkeit. Nicht einmal dann, als er einen neuen Schulrekord im Hochsprung aufstellt, wird er von seinen Klassenkameraden wahrgenommen.

Tschick: Kapitel 9–12

Der Neue in der Klasse

Tschick kommt nach den Osterferien neu in die Klasse. Er ist ein »Asi« (41), den von Anfang an keiner leiden kann. Trotzdem fällt er in der Klasse auf, denn er ist der einzige, der sich von dem autoritären Geschichtslehrer Wagenbach nicht einschüchtern lässt und diesen einfach ignoriert. Sein abgerissenes Äußeres und seine Alkoholfahne tragen ihr übriges dazu bei, dass sich schnell die wildesten Gerüchte um den russischstämmigen Tschick ranken, der mit bürgerlichem Namen eigentlich Andrej Tschichatschoff heißt. Maik erzählt von Tschicks Zensuren, die je nach Alkoholpegel beträchtlich variieren, und von einer denkwürdigen Deutschstunde bei Lehrer Kaltwasser, in der Tschick anstatt der geforderten Interpretation einer Brecht-Parabel eine wilde Verschwörungsgeschichte vorliest.

Tatjanas Geburtstagsparty, das zentrale Ereignis zu Beginn der bevorstehenden Sommerferien, ist das Hauptgesprächsthema der Klasse 8c. Auch Maik ist sehr aufgeregt und arbeitet schon seit Wochen an einer Bleistiftzeichnung der Sängerin Beyoncé, die er Tatjana zu diesem Anlass schenken will. Doch am letzten Schultag vor den Ferien kommt die Ernüchterung: Als einer von wenigen aus der Klasse erhält Maik keine Einladung zu ihrer Party. Geknickt und mürrisch macht er sich auf den Nachhauseweg, als Tschick ihn anspricht. Maik hat keine Lust, sich mit ihm abzugeben, und reagiert abweisend.

### Ein trister Sommerferienbeginn mit überraschender Wendung: Kapitel 13–17

Maik hat miese Laune. Zu allem Übel hat er auch noch sein Fahrrad an der Schule vergessen und muss zurück. Unterwegs pausiert er an einem verlassenen Spielplatz und setzt sich auf den Spielturm. Er blickt auf das Brachland, wo einst 96 Einfamilienhäuser hätten entstehen sollen – ein Projekt seines Vaters. Nachdem auf dem Landstück allerdings seltene Pflanzen und Tiere entdeckt wurden, wurde das Bauvorhaben gestoppt: Immobilien Klingenberg geriet in die Krise.

Zurück zu Hause bricht Maiks Mutter zu einem neuerlichen Aufenthalt in der Entzugsklinik auf; sein Vater fährt mit seiner attraktiven Assistentin Mona auf eine spontane

Alleingelassen

zweiwöchige Geschäftsreise. Versorgt mit Fertigpizza, seinen Playstation-Spielen und 200 Euro Bargeld stellt Maik sich darauf ein, die Ferien alleine am heimischen Pool zu verbringen.

Besuch von Tschick

Während Maik dabei ist, sich einzurichten, kreuzt unerwartet Tschick vor seinem Haus auf und lädt sich gleich selbst ein. Tags darauf taucht Tschick erneut auf, diesmal allerdings nicht wie zuvor mit dem Fahrrad: Er sitzt am Steuer eines alten, klapprigen Lada Niva und überredet den zögernden Maik zu einer kleinen Spritztour mit dem »geliehenen« Wagen. Als Tschick die Beyoncé-Zeichnung sieht, erkennt er, dass Maik in Tatjana verliebt ist und dies auch der Grund für Maiks mürrische Laune ist. Kurzerhand beschließt er, mit Maik bei Tatjanas Geburtstagsfest vorbeizufahren, damit Maik ihr sein Geschenk überreichen kann – auch ohne Einladung.

Wie hypnotisiert übergibt Maik Tatjana die Zeichnung. Um die bereits verblüfften Klassenkameraden zusätzlich zu beeindrucken, macht Tschick mit dem Lada mitten auf der Straße eine 180-Grad-Wendung und braust mit Maik davon.

Der Beginn der Reise: Kapitel 18–22

Tschicks Vorschlag

Tschick und Maik spielen in der Klingenbergschen Villa Playstation, als Tschick den Vorschlag macht, doch einfach in den Urlaub zu fahren – wie andere Leute eben auch. Als Reiseziel schlägt er die Walachei vor, er habe dort Verwandte. Keiner der Jungen weiß allerdings so genau, wo die Walachei überhaupt liegt. Maik glaubt sogar, es sei ein fiktiver Ort, eigentlich nur so ein Wort. Zunächst ist das Ganze nur eine verrückte Idee, später allein macht Maik sich jedoch tatsächlich Gedanken darüber, wie es wäre, einfach wegzufahren, um dem ganzen Elend mit Tatjana zu entkommen.

Der Beginn der Reise

So kommt es, dass die beiden am Sonntagmorgen um vier Uhr den Lada kurzschließen, mit allerlei meist unnützem Gepäck beladen und einfach losfahren. Allerdings haben sie keine Straßenkarte mitgenommen, so dass sie recht schnell die Orientierung verlieren. Um auf der

Straße nicht als minderjähriger Fahrer erkannt zu werden, klebt Tschick sich mit schwarzem Klebeband ein ›Hitlerbärtchen‹ ins Gesicht. Außerdem wählen sie Feldwege und abgelegene Landstraßen.

Ihre erste Nacht verbringen sie im Auto auf einem Feld. Am nächsten Tag bringt Tschick Maik am Waldrand das Autofahren bei.

## On the road: Kapitel 23–27

Der Hunger lässt die beiden Reisenden an einer Bäckerei in einem kleinen Dorf anhalten. Völlig unerwartet treffen sie hier auf Lutz Heckel, einen unbeliebten Klassenkameraden, der in der Bäckerei mit seiner Familie frühstückt. Durch Tschicks Einfallsreichtum schaffen sie es, dass ihre illegale Reise nicht auffliegt. Dennoch müssen die beiden Ausreißer auf der Hut sein: Als sie zwei Polizisten entdecken, die die parkenden Autos inspizieren, fahren sie in den Wald und stellen den Lada auf einem Wanderparkplatz ab. Sie tauschen ihre Kennzeichen gegen die eines alten VW Käfer. Der Lada wird auf einem Sägewerksgelände geparkt, und es geht zu Fuß weiter. Die Nacht verbringen Maik und Tschick auf einer Aussichtsplattform unter einem beeindruckenden Sternenhimmel. Maik ist fasziniert von der »unbegreifliche[n] Unendlichkeit« über ihnen (122).

Friedemann und seine Familie

Am nächsten Tag und mit den gewechselten Kennzeichen fühlen sich die beiden wieder sicher und fahren weiter. Auf der Suche nach einem Supermarkt treffen sie auf Friedemann, eines von fünf Kindern einer ökologisch bewusst lebenden Familie. Sie werden von dessen

Mutter zum Essen eingeladen. Tschick und Maik wundern sich zwar über die Familie, alle sind aber sehr freundlich, und das Essen schmeckt ihnen hervorragend. Beim Ratespiel (der Gewinner bekommt die größte Nachtischportion) können Maik und Tschick allerdings nicht mit Friedemann und seinen Geschwistern mithalten.

Auf dem Rückweg vom Supermarkt begegnet ihnen zufällig der Dorfpolizist. Trotz eines Täuschungsmanövers begreift der Dorfsheriff, dass etwas nicht stimmt. Während Tschick die Flucht mit dem Lada glückt, klaut Maik das Fahrrad des Sheriffs und braust damit davon. Maik gelingt es zwar, den Polizisten abzuschütteln, er hat jedoch keine Ahnung, wo Tschick inzwischen ist. Die Nacht verbringt er notgedrungen versteckt im Wald, beschließt aber beim ersten Morgengrauen, zurück zur Aussichtsplattform zu fahren: Er hofft, dass Tschick auf denselben Gedanken kommt. Nach einem langen Tag des Wartens entdeckt er in einer leeren Colaflasche eine Nachricht von Tschick. Am Abend taucht Tschick tatsächlich auf: Mit einem nun schwarzen Lada – er hat ihn umlackiert! An neue Kennzeichen hat er auch gedacht.

Isa: Kapitel 28–34

Mit dem umgestalteten Auto fühlen sich die beiden Abenteurer nun sicher genug, um auf die Autobahn zu fahren. Doch stellt sich rasch ein neues Problem ein: Der Tank ist fast leer. Ohne genau zu wissen, wie sie an Benzin kommen sollen, steuern die beiden eine Tankstelle an. Natürlich würde es dem Tankwart auffallen, wenn zwei Achtklässler tanken wollen. Außerdem wissen weder Maik noch

Tschick, wie man überhaupt tankt. Viele Magnum-Eis später hat Maik die Idee, das Benzin mit einem Schlauch aus einem anderen Auto herauszuholen. Tschick glaubt zwar nicht, dass das funktionieren kann, da ihm aber nichts Besseres einfällt, beschließen sie, es zu versuchen.

Auf der Suche nach einem Schlauch erinnern sie sich daran, dass sie zuvor an einer Mülldeponie vorbeigefahren sind. Beim Wühlen in den Müllbergen treffen sie auf Isa, ein gleichaltriges, total verdrecktes und heruntergekommenes Mädchen. Sie und Tschick beginnen sofort, sich gegenseitig aufs übelste zu beschimpfen. Letztlich zeigt sie ihnen aber, wo auf der Müllkippe Schläuche zu finden sind. Da Isa Hunger hat und auch sehr neugierig ist, begleitet sie die Jungs zunächst – ob diese das wollen oder nicht. Doch Tschick schickt Isa rüde weg. Als Maik hört, wie schön Isa singt, fällt ihm zum ersten Mal auf, dass vielleicht doch nicht alles an ihr abstoßend ist.

Bekanntschaft mit Isa

Nachts finden sie einen VW Golf, an dem sich der Tankdeckel abschrauben lässt, aber das Ansaugen des Benzins gestaltet sich schwerer als gedacht. Plötzlich taucht Isa auf und zeigt ihnen, wie es funktioniert.

Weil sie ihnen beim Abzapfen des Benzins geholfen hat, nehmen die Jungs Isa nun doch ein Stück mit dem Lada mit. Sie behauptet, zu ihrer Halbschwester nach Prag zu wollen. Sie stinkt nach Abfall und will nicht so recht etwas von sich erzählen. Davon abgesehen plaudert sie aber vollkommen ungehemmt. Schließlich erreichen die drei einen See und beschließen, dort zu übernachten. Um Isas Gestank loszuwerden, schubsen die Jungs sie ins Wasser. Auch Maik landet schließlich im kalten Seewasser.

Am nächsten Morgen macht sich Tschick auf in das nächste Dorf, um etwas zu essen zu kaufen, und Isa bittet Maik, ihr die Haare zu schneiden. Da sie nicht will, dass Haare auf ihr T-Shirt fallen, zieht sie es aus. Maik ist verblüfft: So viel körperliche Freizügigkeit ist er nicht gewohnt.

Maik ist völlig überrascht von dem Ergebnis seiner Frisierkünste: »Siehst super aus« (170). Während sie auf Tschick warten, macht Isa Maik ein eindeutiges Angebot. Maik ist überfordert, aber er mag Isa immer mehr. In dem Moment, als Isa vorschlägt, sich zu küssen, kommt Tschick um die Ecke.

Die drei beschließen, den Berg zu erklimmen, an dessen Fuß sie übernachtet haben. Auf dem Gipfel sind zahlreiche Schnitzereien von Wanderern und Bergsteigern zu finden, die vor ihnen hier waren. Tschick ritzt ihre Initialen ebenfalls ins Holz. Die älteste Einkerbung, die sie finden, stammt aus dem Jahr 1903 von einem Anselm Wail. Maik macht sich Gedanken über Zeit und Endlichkeit, und sie beschließen, sich fünfzig Jahre später an derselben Stelle wieder zu treffen. Als sie den Berg hinuntersteigen, bemerken sie Reisebusse neben dem Lada. Isa entscheidet kurzentschlossen, dass sie mit dem Bus wohl schneller vorankommt, leiht sich dreißig Euro von Maik und verabschiedet sich.

Sinnieren über Vergänglichkeit und Zeitlichkeit

### Jähes Ende? Kapitel 35–42

Maik und Tschick sind wieder unterwegs. Von weitem sehen sie Blaulicht und biegen sofort auf einen kleinen Feldweg ab. Aber der Weg führt sie ins Niemandsland. Über eine wenig vertrauensvoll aussehende Brücke überqueren sie einen tiefen Abgrund. Auf der anderen Seite des Kraters

Der Schütze in der Geisterstadt

erreichen sie ein verlassenes Dorf. Als sie an den Ruinen der Häuser vorbeifahren, wird plötzlich auf sie geschossen. Maik springt aus dem Auto und geht in Deckung. Durch ein Fenster sieht er, dass der Schütze, ein alter Mann, das Feuer kurz darauf einstellt. Er heißt Horst Fricke und lebt alleine in der Geisterstadt. Er lädt sie auf eine Limo ein und erzählt von seiner großen Liebe und dem Krieg.

Als sich die Jungs auf ihrer Weiterfahrt noch einmal nach dem Haus von Horst Fricke umdrehen, entdecken sie in der Ferne ein Polizeiauto. Sie versuchen zu flüchten, aber es führt kein Weg von der Hochebene hinunter, auf

Der erste Unfall

der sie sich seit der Überquerung der Brücke befinden. Tschick gibt Gas und braust eine Böschung hinab. Der Lada überschlägt sich und landet am Fuße der Böschung – auf dem Dach. Tschick und Maik sind zunächst unverletzt. Sie begegnen einer massigen Dame, die durch die Böschung auf sie zukommt. Sie hat den Unfall beobachtet und ist vollkommen außer sich. Vor Schreck lässt sie einen Feuerlöscher auf Tschicks Fuß fallen.

Die Frau, die von Beruf Sprachtherapeutin ist, besteht

Im Krankenhaus

darauf, den am Fuß verletzten Tschick in ein Krankenhaus zu bringen. In der Notaufnahme meldet Maik Tschick unter André Langins Namen an, da er keine Krankenversicherung hat. Tschicks Fuß wird eingegipst. Eine Krankenschwester zeigt den beiden ein freies Zimmer, in dem sie auf den Arzt warten sollen. Bei einem Blick aus dem Fenster entdeckt Maik ihren Lada: abgestellt in einer Parkbucht neben der Autobahn. Kran und Polizei fahren unverrichteter Dinge davon, der Lada bleibt zurück.

Nachdem Maik mit einem Ablenkungsmanöver der Krankenschwester glaubhaft versichern konnte, dass sie in Kürze von ihrer (erfundenen) Tante Mona abgeholt werden, gelingt den beiden die Flucht aus dem Krankenhaus. Sie wollen zurück zum Lada, der erstaunlicherweise sofort anspringt. Da Tschick mit seinem Gipsfuß aber nicht fahren kann, muss Maik ans Steuer. Maik hat Angst davor, auf der Autobahn zu fahren, und gesteht Tschick, dass er ein Feigling und ein Langweiler ist. Tschick widerspricht mit Nachdruck und verrät Maik im Gegenzug, dass er homosexuell ist. Obwohl er eigentlich keine konkrete Ahnung hatte, ist Maik nicht allzu überrascht. Er überlegt sogar kurz, ob er nicht selbst auch schwul werden könnte, stellt dann aber fest, dass er Mädchen lieber mag. Schließlich fahren sie doch los. Nach einigen Anlaufschwierigkeiten schafft es Maik auch tatsächlich, den Lada in Bewegung zu setzen. Das Gefühl, unaufhaltsam zu sein, beflügelt die beiden.

Flucht aus dem Krankenhaus

Tschicks Geheimnis

### Der Schweinetransporter oder das endgültige Ende der Reise: Kapitel 43–44

Unterwegs auf der Autobahn werden sie von einem serbischen Schweinetransporter überholt. Als der Fahrer allzu aufdringlich in das Auto der Jungs hineinschaut und sie dann auch noch

Der finale Unfall

ausbremst, wollen sie ihn überholen. Der LKW fährt Schlangenlinien, als Maik versucht, mit Vollgas an ihm vorbeizuziehen. Plötzlich rutscht der LKW quer über die Breite der Autobahn, und der Lada kracht mitten hinein.

Beide Jungs überleben den Unfall. Tschick fragt Maik mehrmals, ob er in Ordnung sei, und flüchtet dann über die Böschung, als er die Polizei kommen hört. Maik wird von der Polizei mitgenommen. Am Ende des Kapitels schließt sich der Kreis zum Romanbeginn. Maik erläutert, den Rest habe er ja schon erzählt (in den Kapiteln 1–4).

### Das Nachspiel: Gerichtsverhandlung und neues Schuljahr: Kapitel 45–49

Maik ist wieder zu Hause. Sein Vater ist aufgebracht und schlägt ihn, während die Mutter hilflos danebensteht und wie üblich trinkt. Der Vater will, dass Maik vor Gericht die ganze Schuld auf Tschick schiebt, um selbst mit einem blauen Auge davonzukommen. Da Maik aus reichem Elternhause stamme und Tschick ein »asiger Russe« (229) sei, stünden die Chancen dafür laut Maiks Vater nicht schlecht.

Maik freut sich darauf, Tschick wiederzusehen. Der Unfall ist vier Wochen her und Tschick ist, seit er aufgegriffen worden ist, in einem Heim, das zunächst keinen Kontakt erlaubt.

Wiedersehen vor Gericht

Am Tag der Gerichtsverhandlung begrüßen sich Maik und Tschick freudig, bevor sie dem Richter Rede und Antwort stehen müssen. Maik erzählt mehr oder weniger die Wahrheit, ein paar Details unterschlägt er jedoch (z. B. die Falschangabe bei der Krankenversicherung oder die

Hilfe der Sprachtherapeutin). Maik sagt, dass sie beide zusammen die Idee zu dieser Reise gehabt haben – sehr zum Missfallen seines Vaters. Als Tschick an der Reihe ist, behauptet er, all das sei allein seine Idee gewesen. Maik widerspricht dem wiederum, so dass keinem von beiden die alleinige Schuld zugesprochen werden kann. Das Urteil wird verkündet: Tschick muss im Heim bleiben, Maik erhält die Weisung, Arbeitsleistungen zu erbringen – ein sehr mildes Urteil, das darauf beruht, dass beide aus schwierigen Verhältnissen stammen.

Es ist der erste Schultag nach den Sommerferien. Zunächst scheint sich um Maik herum nichts verändert zu haben. Eines ist aber doch anders: Tatjana bemerkt Maik und schreibt ihm einen Zettel. Sie möchte wissen, woher seine Verletzungen stammen. Maik ist zunächst verblüfft und antwortet knapp und ausweichend. Sie insistiert jedoch, und so schreibt er sein Abenteuer in Kurzform auf den Zettel, der prompt von Wagenbach abgefangen wird. Er beginnt vorzulesen. Die Klasse verstummt wegen der verwegenen Geschichte, Wagenbach glaubt kein Wort. Bevor es noch zu einer Predigt seitens des Lehrers kommen kann, wird Maik aus dem Unterricht geholt, da ihn zwei Polizisten sprechen möchten. Es wurde erneut ein Lada gestohlen, und die Polizisten wollen herausfinden, ob Tschick oder Maik etwas damit zu tun haben. Als es klingelt, geht die Klassenzimmertür auf, und alle starren Maik an. Maik fühlt sein Ansehen wachsen – zumindest fällt er jetzt auf.

Nicht länger unsichtbar

Die Sekretärin überreicht Maik einen Brief von Isa, den diese mit dem Absender »Anselm Wail« versehen an die Schule geschickt hat. Maik freut sich und denkt den ganzen

Ein Lada Niva – das Auto von Maik und Tschick. – © imago stock&people

Ein unerwarteter Brief

Nachmittag darüber nach, ob er eher in Tatjana oder in Isa verliebt ist. Isa schreibt, dass sie nächste Woche nach Berlin kommen werde, und schlägt ein Treffen an der Weltzeituhr vor.

Maiks Träumereien werden von jähem Lärm unterbrochen: Seine Mutter wirft Möbel in den Pool. Sie erklärt Maik, dass alles im Leben egal sei, außer der Frage, ob man glücklich ist. Der Vater ist bei dem Spektakel nicht zugegen, Maik erwähnt in einem Nebensatz, dass er sich mit seiner Assistentin Mona nach einer neuen Wohnung umschaut. Maik hilft seiner Mutter schließlich, Einrichtungsgegenstände in den Pool zu werfen. Als die Polizei auftaucht, springen die beiden ins Wasser und tauchen unter. Maik ist glücklich, er denkt an Tschick, Isa und all die verrückten Erlebnisse dieses Sommers.

Die Frage nach dem Glück

# 3. Personen

## Die Hauptpersonen auf der Reise

**Maik Klingenberg,** der Ich-Erzähler und Protagonist des Romans, ist vierzehn Jahre alt und besucht die achte Klasse eines Berliner Gymnasiums. Seine Mutter ist alkoholabhängig und macht regelmäßig Entziehungskuren, seinem Vater gehört eine Immobilienfirma. Maik ist Einzelkind und lebt mit seinen Eltern in einem modernen großen Haus mit eigenem Swimmingpool und mehreren Angestellten. Da Josef Klingenberg sich bei einem Großprojekt verspekuliert hat, steht seine Firma allerdings kurz vor dem Bankrott. Die Ehe von Maiks Eltern ist zerrüttet, es gibt viel Streit. Dennoch trennen sich seine Eltern nicht. Maik glaubt, der Grund dafür sei, »dass sie sich gern [anschreien]. Dass sie gerne unglücklich [sind]« (70). Trotz dieser emotional schwierigen Verhältnisse beklagt Maik sich nicht. Er mag seine Mutter sehr. Auch wenn sie sich nicht richtig um ihn kümmern kann, ist er der Ansicht, dass es »Schlimmeres [gibt] als eine Alkoholikerin als Mutter« (253).

Zerrüttete Familie

Er ist viel allein und hat keine Freunde. Er ist ein Außenseiter, nach eigenen Angaben ist er »nicht wahnsinnig gut im Kennenlernen« (23). Sein einziger Freund Paul ist nach der gemeinsamen Grundschulzeit aus Berlin weggezogen. In seiner Klasse hat er keinen Anschluss, er fällt nicht auf, hat nicht einmal einen Spitznamen. »Wenn man keinen Spitznamen hat, kann das zwei Gründe haben. Entweder man ist wahnsinnig

Außenseiter und Einzelgänger

langweilig und kriegt deshalb keinen, oder man hat keine Freunde« (21). Entsprechend seiner Selbstanalyse ist bei ihm beides der Fall. Trotz allem unternimmt Maik nichts, um das Bild seiner Mitschüler von ihm zu ändern, er passt sich vielmehr den Erwartungen seiner Umwelt an. Es scheint, als füge er sich dem ihm zugedachten Image. Eine vorübergehende Ausnahme von Maiks chronischer Unauffälligkeit bildet der Spitzname »Psycho«, den Maik in der sechsten Klasse als Reaktion auf einen von ihm verfassten Aufsatz über den Entzugsaufenthalt seiner Mutter auf der »Beautyfarm« erhält.

Seine Unsichtbarkeit beginnt ihn erst dann zu stören, als er sich in seine Mitschülerin Tatjana Cosic verliebt. Selbst als er im Sportunterricht einen neuen Schulrekord im Hochsprung aufstellt, während Tatjana und ihre Clique danebensitzen, bemerkt sie ihn nicht. Trotz alledem ist Maik letztlich überrascht, dass er nahezu als einziger nicht zu ihrer großen Geburtstagsparty eingeladen wird. »Bis zur letzten Schulstunde und bis nach der Zeugnisvergabe hoffte ich immer noch« (61).

Über sein Äußeres verrät Maik kaum etwas, er erwähnt nur, dass er »einer der Kleinsten« (36) ist und dass seine Lieblingsjacke »irgend so ein China-Teil [ist, das] auf der Brust ein weißes Drachenmuster [hat], das wahnsinnig billig [aussieht] […] Im Grunde die ideale Jacke für Asis« (62).

»Reich, feige und wehrlos«

Genau das ist auch der Grund, warum er diese Jacke so mag und sie auch nicht an Tschick verkaufen möchte; sie verdeckt, dass er in Wirklichkeit »reich, feige und wehrlos« (ebd.) ist. In Sätzen wie diesen zeigt sich Maiks Ehrlichkeit. Er versucht nicht, sich in einem besonders guten Licht zu präsentieren, sondern erzählt im Gegenteil offen von seinen Ängsten und Schwächen.

Dass Maik künstlerisch begabt ist, lässt sich an seinem Porträt von Beyoncé erkennen, das er Tatjana zum Geburtstag schenken möchte. »Wenn Beyoncézeichnen und Hochsprung die wichtigsten Disziplinen auf der Welt wären, wäre ich ganz weit vorn« (59).

Maik schenkt sowohl Tschick als auch Isa Kleidung, die ihm gehört, und teilt das Geld, das er von seinem Vater bekommen hat, mit ihnen. Natürlich ist das für einen Jugendlichen, der im Wohlstand aufgewachsen ist und dem es nie an etwas gemangelt hat, kein allzu großes Opfer, dennoch geben diese Gesten Aufschluss über seine Großzügigkeit und seine Freundlichkeit.

Obwohl Maik eigentlich Rockmusik wie die der Band »The White Stripes« mag, hat er sich zwei CDs von Tatjanas Lieblingssängerin Beyoncé gekauft. Am Anfang gefällt ihm ihre Musik überhaupt nicht, aber als er mit der Zeit feststellt, dass Beyoncé eine gewisse Ähnlichkeit mit Tatjana hat, beginnt er, auch ihre Musik zu mögen. Zunächst scheint Maik dieses »Geständnis« peinlich zu sein, denn er relativiert, *wie* gut ihm die Musik tatsächlich gefällt. Dann gibt er allerdings doch zu, dass er sie »super« findet und sogar zeitweise »in Endlosschleife« hört (58). Ist er aufgebracht oder geht es ihm schlecht, scheint ihm Beyoncés Musik zu helfen: »Ich legte *Survivor* ein und fing an, die Möbel in meinem Zimmer umzustellen« (67).

Naiv und unerfahren

Maiks Naivität zeigt sich im ersten Kapitel an seinen Überlegungen über einen Anwalt, den er nun benötigen könnte. Auch glaubt er Tschick dessen Geschichte, dass man mit einem Tennisball ein abgeschlossenes Auto öffnen könne. »Du hast das nicht wirklich geglaubt, oder? Du kannst mit einem Tennisball kein Auto aufmachen. Sonst würde das doch jeder« (161). Sein Weltwissen und seine Erfahrung sind begrenzt, was allerdings nicht weiter verwunderlich ist, denn er wuchs auf in Tennisclubs, einem Haus mit Pool und Angestellten, Computerspielen und mit wenig sozialen Kontakten zu Gleichaltrigen. Maik ist auch in sexueller Hinsicht unerfahren und daher vollkommen eingeschüchtert durch Isas nackten Oberkörper, den er beim Schneiden ihrer Haare krampfhaft zu berühren vermeidet. Als Isa ihn dann auch noch ganz offen darauf anspricht, ob er denn »schon mal gefickt« (171) habe, wird er rot und bekommt eine hohe, unsichere Stimme. Solche Offenherzigkeit und Freizügigkeit ist Maik von den Mädchen aus seiner Klasse nicht gewohnt. Daran, dass Maik zunehmend von Isa fasziniert ist und er immer mehr Aspekte an ihr entdeckt, die ihm gefallen, zeigt sich, dass es ihm gelingt, das von Oberflächlichkeit und Äußerlichkeit geprägte Verhalten, das er von seiner Klasse kennt, abzulegen. Auch er hat Tschick und Isa zunächst nach ihrer äußeren Erscheinung beurteilt, ist aber in beiden Fällen eines Besseren belehrt worden.

Die unerwartete Freundschaft zu Tschick und ihre gemeinsame Reise verändern Maik im Laufe des Romans. Er wird mutiger und selbstbewusster, wächst zum Schluss über sich hinaus und verliert später in der Klasse seinen Status als unauffälliger Langweiler. Ob dies dazu führen wird, dass er in der Klasse auch mehr Anschluss finden wird, bleibt am Ende des Romans offen. Aber auch wenn dem nicht so sein sollte, hat Maik in Tschick und Isa zwei Freunde gefunden. Er ist sich zum Schluss nicht einmal mehr sicher, ob er nicht vielleicht noch mehr in Isa als in Tatjana verliebt ist. Als er mit seiner Mutter im Pool untertaucht, ist es ihm vollkommen egal, ob er nun möglicherweise wieder seinen alten Spitznamen »Psycho« zurückerhält oder nicht (vgl. 253).

**Andrej Tschichatschoff**, genannt »Tschick«, ist die Titelfigur des Romans. Mit ihm beginnt das Abenteuer der Reise durch den Osten Deutschlands, die Maiks Leben auf den Kopf stellt.

Tschick kommt nach den Osterferien neu in Maiks Klasse. In den vier Jahren, die seit der Einwanderung des gebürtigen Russen vergangen sind, hat er eine bemerkenswerte Schulkarriere absolviert: Von der Förderschule schaffte er es auf die Hauptschule, von der Hauptschule dann auf die Realschule und schließlich auf das Gymnasium.

Maik beschreibt seinen ersten Eindruck von Tschick sehr genau: Er ist mittelgroß, hat hohe Wangenknochen und schmale Augen. Seine Unterarme sind kräftig, einen Unterarm ziert eine große Narbe, seine Beine sind dünn, sein Schädel ist kantig. Maik bezeichnet Tschicks Aussehen als asozial, ein Eindruck, den er durch die Schilderung seiner Kleidung noch unterstreicht. Am ersten Schultag trägt er »ein schmuddeliges weißes Hemd, an dem ein Knopf fehlt […], 10-Euro-Jeans von KiK und braune, unförmige Schuhe, die [aussehen] wie tote Ratten« (42). Aber auch sein Verhalten trägt zur vorläufigen Bestätigung dieses ersten Eindrucks bei. Er erscheint betrunken im Unterricht, raucht viel, benutzt eine Plastiktüte, um seine Schulutensi-

»Asoziales« Erscheinungsbild

lien zu verstauen, und ignoriert gleich am ersten Schultag den strengen Lehrer Wagenbach.

Tschick ist wie Maik ein Außenseiter. Er ist wortkarg und wirkt desinteressiert. Durch sein Äußeres und auch sein lässiges Verhalten fällt er aber mehr auf als der unscheinbare Maik. Schon früh entspinnen sich Gerüchte um ihn. Seine Mitschüler mutmaßen, dass sein Bruder ein Waffenschieber sei, und als Tschick vor mehreren Zeugen einen Oberstufenschüler, der ihn auf dem Parkplatz beleidigt, zum Schweigen bringt, kommt auch die Möglichkeit einer Verbindung Tschicks mit der Russenmafia ins Spiel. Da Tschick selbst nichts von sich preisgibt (es deutet aber auch nichts in Maiks Erzählbericht darauf hin, dass die anderen Schüler versuchen, sich mit ihm zu unterhalten), bleiben seine nähere Vergangenheit sowie seine aktuellen Lebensumstände im Dunkeln.

Gerüchte und Spekulationen

Nach einer Weile ebbt das Interesse an dem neuen Schüler wieder ab, seine Klassenkameraden haben sich daran gewöhnt, dass Tschick von Zeit zu Zeit alkoholisiert im Unterricht auftaucht und je nach Verfassung entweder gute oder sehr schlechte Zensuren schreibt. Fakt ist, dass Tschick viele Dinge beherrscht, die für sein Alter nicht üblich sind, und dass er aufgrund seiner Biographie in manchen Bereichen über weit mehr Lebenserfahrung verfügt als Maik: Tschick kann Autos nicht nur fahren, sondern auch ohne Zündschlüssel fahren bzw. kurzschließen, er hält sich nicht an Regeln oder Gesetze, flucht viel, ist aber auch einfallsreich und sensibel. Er bemerkt beispielsweise sofort, was in Maik vorgeht, als dieser ihm die zerrissene Beyoncé-

Rauhe Schale, weicher Kern

Zeichnung zeigt: »Du hast ja Gefühle« (87). Maik ist erstaunt über Tschicks Einfühlungsvermögen und macht diesen besonderen Moment als denjenigen fest, an dem sich seine Einstellung Tschick gegenüber ändert (vgl. 88). Gegen Ende des Romans gesteht Tschick Maik, dass er homosexuell ist. Dieses Outing ist ein bedeutender Freundschaftsbeweis, da Maik der erste ist, dem Tschick sein Geheimnis anvertraut (vgl. 214). Die Stärke der Freundschaft und die gegenseitige Loyalität zeigen sich schließlich auch im Gerichtsprozess, als beide den anderen in Schutz nehmen und sie sich eben nicht, wie es von Maiks Vater gewünscht worden war, gegenseitig die Schuld zuschieben.

Tschicks Homosexualität

Im Gegensatz zu Maik ist Tschick spontan und abenteuerlustig. Während Maik sich damit abgefunden hat, die Sommerferien deprimiert in der heimischen Öde zu verbringen, schlägt Tschick vor, doch einfach auch in den Urlaub zu fahren. Auch die Tatsache, dass sie beide nicht zu Tatjanas Party eingeladen sind, stellt für Tschick kein Hindernis dar: Er ist die treibende Kraft, die den zunächst passiven und zögerlichen Maik im Verlauf des Romans zunehmend aus der Reserve lockt.

Die treibende Kraft

Eines darf dabei nicht vergessen werden: Die Figur »Tschick« ist vom Leser immer unter dem Vorbehalt zu sehen, dass alle Beschreibungen und Informationen ausschließlich von Maik stammen und somit personal eingefärbt sind. Maik ist

Berücksichtigung des Erzählverhaltens

kein neutraler, allwissender Beobachter, sondern Teil der Geschichte. Er erzählt von seinen Eindrücken und wie er Tschick einschätzt und erlebt. Das, was Tschick tatsächlich fühlt und denkt, kann er – im Gegensatz zu einem allwissenden Erzähler – aber nicht wissen.

**Isa Schmidt** lernen Maik und Tschick an einem ungewöhnlichen Ort kennen, nämlich einer Mülldeponie. Was genau Isa dort sucht, bleibt ihr Geheimnis. Überhaupt erfährt der Leser nicht sehr viel von ihr. Auch ihr genaues Alter ist nicht bekannt, Maik schätzt sie in etwa mit ihnen gleichaltrig, als er sie zum ersten Mal sieht (vgl. 149). Isa klettert »wie ein kleines schnelles Tier« (150) über die Müllberge, trägt eine Army-Hose und ein vollkommen verdrecktes T-Shirt. Maik beschreibt ihre Lippen als wulstig, ihre Nase als platt und ihre Augen als schmal (vgl. ebd.). Sie trägt eine Holzkiste unbekannten Inhalts mit sich. Bemerkenswert ist ihr loses Mundwerk. Ohne die Jungen zu kennen, beginnt sie sofort damit, sie zu beschimpfen. Als Tschick darauf einsteigt, gipfelt dies in einem wüsten Fluchduell. Trotz alledem zeigt sie Maik und Tschick schließlich, wo diese den für das Tanken benötigten Schlauch finden können.

Isa ist sehr neugierig und geht den beiden Jungs mit ihren Fragen gehörig auf die Nerven. Allerdings erweist sie sich durch ihre praktische Veranlagung als große Hilfe: Nur mit ihrer Unterstützung gelingt es schließlich, den Lada vollzutanken. Da es nicht reine Nächstenliebe ist, die hinter Isas Hilfsangebot steht, wird sie zur vorübergehenden (und zunächst unerwünschten) Reisebegleitung für Maik und Tschick. Mit ihrem pausenlosen Gerede und ihren

Der erste Eindruck ist nicht alles

Ausdünstungen ist sie zwar nicht die angenehmste Mitfahrerin, Maik bemerkt aber zunehmend, dass nicht alles, was sie sagt, unsinnig ist: »Und auch was sie da redete, war gar nicht immer uninteressant. Ich meine, sie war nicht doof auf ihre Weise« (165). So gern sie aber auch plaudert, gibt sie über sich selbst kaum etwas preis. Maik und Tschick erfahren, dass sie eine Halbschwester in Prag hat, die sie besuchen möchte, und dass sie gerne in der Fernsehbranche arbeiten würde, »weil man da gut aussieht und irgendwas mit Worten macht« (156) – an dieser Aussage zeigt sich aber auch, dass Isa trotz ihrer Selbständigkeit ähnlich naiv ist wie Maik und Tschick.

In der kurzen Zeit, in der sie die Reisegefährtin der beiden ist, entdeckt vor allem Maik Facetten an ihr, die zunächst durch ihr verwahrlostes, ungepflegtes Äußeres überdeckt wurden, die ihm aber mehr und mehr gefallen. Ihm fällt auf, dass sie schön singen (ausgerechnet *Survivor* von Beyoncé) und beeindruckend schnell rennen kann, dass sie eine tolle Figur hat und nach dem Bad im See und dem Haarschnitt generell »super« aussieht (170).

Isa ist das genaue Gegenteil von Tatjana: Sie spricht aus, was sie denkt, und ist in sexueller Hinsicht offenherzig und freizügig. Sie ist selbstbewusst und autonom, was für ihr Alter bemerkenswert ist. Sie ist nicht wie Tatjana auf den ersten Blick eine von allen bewunderte Schönheit, vor allem nimmt sie aber Maik so wahr, wie er eigentlich ist. Dass Maik ihr ebenfalls gefällt, wird einerseits durch das frei geäußerte sexuelle Angebot, aber andererseits auch durch den Brief deutlich, den sie Maik – von diesem gänzlich unerwartet – in die Schule schickt. Die Tatsache, dass sie auf die Idee kommt, den Brief an Maiks Schule zu schicken, da sie ja keine Adresse von ihm hat, beweist ihren Einfallsreichtum.

Die Eltern

Maiks **Vater Josef Klingenberg** ist Geschäftsmann, er verdient sein Geld mit Immobilien. Maiks Beschreibung seines Zuhauses mit Pool und verschiedenen Angestellten zeigt, dass seine Geschäfte lange Zeit sehr erfolgreich waren. Zur Zeit der Romanhandlung steht sein Vater Maiks Auskunft zufolge allerdings kurz vor dem Bankrott. Der Grund dafür ist, dass Herr Klingenberg viel Geld in ein großes Baugrundstück investiert hat, auf dem ursprünglich knapp 100 Einfamilienhäuser entstehen sollten, das Bauvorhaben aber aufgrund eines Umweltgutachtens gestoppt wurde. Der Gerichtsprozess kostete nur noch mehr Geld, weshalb sein Vater seinen Anteil schließlich verkaufte, sich dann aber auch mit Aktien verspekulierte. »[J]etzt sind wir pleite, der Urlaub ist gestrichen, und das Haus, das uns gehört, gehört uns wahrscheinlich schon lange nicht mehr. Sagt mein Vater. Und das alles wegen drei Raupen und einem Grashalm« (66).

Affäre mit der Assistentin

Der Vater hat offensichtlich ein Verhältnis mit seiner jungen, attraktiven Assistentin Mona. Zwar sagt Maik das nicht direkt, meint aber, dass er es gut findet, dass sein Vater nicht versucht, »irgendein großes Theater abzuziehen« (70). Später sieht er, wie der Vater seinen Arm um die Taille der Assistentin legt, und sieht seinen Eindruck bestätigt. Erst die Tatsache, dass der Vater mit Mona auf einen

»Geschäftstermin« fährt, gibt Maik die Gelegenheit zu seiner Reise.

Gestörte Vater-Sohn-Beziehung

Josef Klingenberg hat kein besonders tiefes emotionales Verhältnis zu seinem Sohn. Er gibt ihm Anweisungen, lässt ihm Geld da, kümmert sich aber nicht um Maik und dessen Gefühle. Er scheint sich überhaupt keine Gedanken darüber zu machen, wie es für Maik ist, die Ferien ganz alleine verbringen zu müssen. Auch schreckt er nicht vor Gewalt zurück: Am Tag vor der Gerichtsverhandlung schlägt er Maik mehrfach heftig ins Gesicht. Er tut dies nicht unbedingt als Strafe für das, was Maik angestellt hat, sondern vielmehr, weil er es als reine Dummheit erachtet, dass Maik Tschick nicht die Alleinschuld geben will: »*Ihr* habt überhaupt keine Scheiße gebaut, du Vollidiot! Dein asiger Russenfreund hat Scheiße gebaut! Und du bist so dämlich, dich da reinziehen zu lassen« (228). Er fürchtet um sein eigenes Ansehen und um das Ansehen seiner Firma, wenn bekannt wird, dass *sein* Sohn Autos klaut.

Alkoholikerin

Der Vorname von Maiks **Mutter** wird im Roman nicht genannt. Die dominanteste Charaktereigenschaft von Frau Klingenberg ist ihre Alkoholsucht. Maik erzählt, dass sie immer getrunken hat, seit er denken kann. Während der Alkohol sie früher allerdings noch fröhlich und ausgelassen gemacht hat, wird sie nun oft müde oder mürrisch. Trotz alledem hat sie ein recht gutes Verhältnis zu Maik. Zwar kann sie sich nicht besonders gut um ihn kümmern, ihm keine wirkliche Mutter sein, dennoch mag Maik sie gerne und findet, dass es Schlimmeres gibt, als eine Alkoholikerin als Mutter zu haben (vgl. 253) – auch wenn sie beispielsweise nicht in der Lage ist, ihn bei der Auseinandersetzung mit dem Vater zu schützen. Ihre schwachen Versuche einzugreifen, als der Vater Maik wiederholt schlägt, scheitern an ihren Schwierigkeiten, das Gleichgewicht zu halten.

Bezugsperson nach Kräften

Über die Mutter erfährt der Leser, dass sie früher eine hervorragende Tennisspielerin war, die die Vereinsmeisterschaften »auch mit einer Flasche Wodka intus […] noch gewonnen [hat]« (27). Maik schätzt an ihr, dass sie im Gegensatz zu vielen anderen Müttern sehr witzig sein kann. Ein Beleg für ihren Humor ist auch das Umtaufen der Entzugsklinik auf »Beautyfarm«. Schon als Maik noch jünger war, sagte sie zu ihm, dass es egal sei, was die Leute von einem denken, und dass man über alles reden könne (vgl. 28). Einerseits lebt sie diese Einstellung auch aus, immerhin sagt sie im Tennisclub ungeniert, dass sie in die Entzugsklinik fährt, andererseits wohnt sie aber auch in einem sehr repräsentativen Haus, das nach außen hin den schönen Schein zu wahren versucht. Am Ende des Romans wirft sie allerdings all die unnötigen Luxusgüter in den Pool – ungeachtet dessen, was die Nachbarn davon denken könnten – und sagt Maik, dass es im Leben nur darauf ankomme, dass man glücklich sei: »Sie zeigte einmal rundum. ›Das ist alles egal. Was nicht egal ist: Bist du glücklich damit? Das. Und nur das.‹« (251). Trotz all ihrer Fehler ist die Mutter also eine wichtige Bezugsperson für Maik, die ihm in klaren Momenten wertvolle Ratschläge geben kann.

### Die Mitschüler

Fehlende Integration

Maik ist in den Klassenverband der 8c zwar überhaupt nicht eingebunden, dennoch erwähnt er einige seiner Klassenkameraden in seinem Erzählbericht. Außer Tatjana scheint er allerdings niemanden besonders zu mögen, er wirkt allen gegenüber eher gleichgültig bzw. manchen gegenüber sogar ablehnend. Die Mitschüler, die er mehr als einmal erwähnt, bedenkt er allesamt mit negativen Äußerungen. Für die Handlung spielen die Mitschüler als Individuen nur eine untergeordnete Rolle, im Spiegel der Klasse zeigt sich aber Maiks Außenseiterrolle sehr deutlich, eine Rolle, die ja letztlich seine Freundschaft mit Tschick und die gemeinsame Reise erst auslöst.

**Tatjana Cosic** ist laut Maik das schönste Mädchen der Welt (vgl. 8). Sie geht in dieselbe Klasse wie er, ist bei allen beliebt und wird von den Jungs umschwärmt. Obwohl Tatjana in der Hauptgeschichte überhaupt nicht vorkommt, hat sie dennoch eine wichtige Funktion innerhalb des Romangeschehens inne. Sie ist der Auslöser für Maiks Flucht aus seiner gewohnten Umgebung, der Grund, warum Maik Tschicks verrückte Idee einer gemeinsamen Reise überhaupt zulässt. Maik selbst erklärt zu Beginn des Romans, als er auf der Polizeistation ist, dass er ohne Tatjana überhaupt nicht hier wäre (vgl. ebd.). Der Grund dafür ist, dass Tatjana Maik nicht zu ihrer großen Geburtstagsparty eingeladen hat, was für Maik eine herbe Enttäuschung ist – vor allem, weil sie »sonst alles eingeladen [hatte], was laufen konnte« (92).

Auslöser der Reise

Erst dadurch wird Maik so richtig klar, dass sie ihn tatsächlich nicht wahrnimmt. Aus Frust will Maik aus Berlin flüchten. Unterwegs stellt er sich immer wieder vor, dass Tatjana ihn sehen könnte. Sie begleitet ihn also auf seinem Abenteuer, obwohl sie von dieser Reise tatsächlich überhaupt nichts weiß. »Ich hab mir immer vorgestellt, Tatjana steht hinter uns und sieht, was wir sehen, und freut sich, wie wir uns freuen.« (8)

Tatjana ist vierzehn Jahre alt, 1,65 m groß und wohnt in einem weißen Mietshaus. Sie ist gut in Sport und Englisch und ein großer Fan der Sängerin Beyoncé. Viel mehr weiß Maik nicht über sie, er kennt sie also nicht richtig, er weiß über sie, »was jeder weiß« (23). Ihr Aussehen beschreibt Maik nicht näher, da er es nicht für nötig hält: »Weil, kann sich ja jeder vorstellen, wie sie aussieht: Sie sieht super aus. […] Sie ist insgesamt super« (ebd.).

Als Maik und Tschick ohne Einladung, aber mit der Beyoncé-Zeichnung, auf ihrer Party auftauchen, ist sie vollkommen verblüfft. Zu dem Bild selbst sagt sie nichts. Dies kann zwei Gründe haben: Entweder ist sie tatsächlich so irritiert, dass sie nicht reagiert, oder aber Maik, der ja rückblickend davon berichtet, erinnert sich nicht mehr, dass sie etwas gesagt hat, da er während der ganzen Aktion selbst so aufgeregt war. Dennoch ist Tatjana durch das Geschenk auf Maik aufmerksam geworden. Nach den Sommerferien behandelt sie Maik nicht mehr wie Luft und möchte wissen, woher seine Verletzungen stammen.

**Hans**, auch **der Nazi** genannt, erhält ebenfalls keine Einladung zur Party. Auch an ihm lässt Maik kein gutes Haar und beschreibt ihn als »Fußballtrottel, der schwitzend hinterm Feld herkeucht« (37).

**Lutz Heckel** ist »eine Tonne auf zwei Stelzen« (38) und in keinem Schulfach gut, in Sport allerdings besonders schlecht. Maik ärgert sich darüber, dass die Mädchen zwar zuschauen, als der »Mehlsack unter der Latte durchrutscht« (40), bei seinem Rekord-Hochsprung aber keine hinschaut. Lutz Heckel wird Maik und Tschick am Anfang ihrer Reise beinahe zum Verhängnis: Als sie ihn und seine Familie in einer Bäckerei treffen, droht ihr Plan aufzufliegen.

**Kallenbach,** der Klassentrottel, ist wie Maik nicht zu Tatjanas Geburtstag eingeladen. Er ist stark kurzsichtig und Maiks Ansicht nach – die er sich nicht scheut, in Kallenbachs Anwesenheit kundzutun – dumm.

Der 1,90 m große **Olaf,** der Maiks Aussage zufolge ebenfalls so »dumm [ist] wie ein Haufen Wäsche« (239 f.), verschuldet durch seine Unachtsamkeit, dass der Lehrer Wagenbach Maiks Zettel an Tatjana findet und der Klasse vorliest.

Mädchenschwarm

**André Langin,** »der schöne André« (33), ist ein Jahr älter als Maik, da er einmal sitzengeblieben ist. Er ist vor allem bei den Mädchen sehr beliebt. Es ist also kein Wunder, dass er jede Woche eine andere Freundin hat und ihm beim Sport zugejubelt wird. Maik hegt vom ersten Augenblick an eine große Abneigung gegen André, wobei er zugibt, dass das nicht ganz einfach sei, denn André ist »nicht komplett hohl« (33) und zudem auch noch nett. Andrés Vater ist »Politiker, Stadtrat oder so was« (34), weshalb die Langins sehr wohlhabend sind. Die Tatsache, dass André sich bei der Schuluntersuchung damit brüstet, eine private Krankenversicherung zu haben, erweist sich für Maik und Tschick als sehr hilfreich. Maik erinnert sich an den ungefähren Namen von Andrés Versicherungsgesellschaft und meldet Tschick im Krankenhaus einfach unter dessen Namen an. André ist auch verantwortlich dafür, dass Maik seinen Spitznamen »Psycho« schnell wieder verliert.

Die Lehrer

**Wilhelm Bretfeld** ist einer von Maiks ehemaligen Grundschullehrern. Während seiner Grundschulzeit selbst ist Maik überhaupt nicht aufgefallen, dass Bretfeld ein guter Lehrer ist – erst als er ihn zu einem späteren Zeitpunkt wiedertrifft und ihm beibringt, wie man einen Bumerang schnitzt. Bretfeld ist der Erfinder des Langzeitflugbumerangs.

Den Deutschlehrer Herrn **Kaltwasser** beschreibt Maik als eine Maschine, die ohne Begrüßung noch in der Tür mit dem Unterricht anfängt und nach 45 »superkorrekt[en]« (53) Minuten den Raum wieder verlässt. Menschlich begreift Maik seinen Deutschlehrer nicht, deshalb ist es für ihn auch nicht allzu verwunderlich, dass Kaltwasser kaum eine merkliche Reaktion auf Tschicks Verschwörungstheorie zu Brechts Parabel (vgl. 54) zeigt.

Herr **Strahl** ist der Mathematiklehrer der 8c. Auch er ist nicht unbedingt ein Kuschelpädagoge und zelebriert die Rückgabe der Klassenarbeit, indem er durch das Anschreiben des Klassenspiegels die Angst seiner Schüler schürt. Tschicks dauerndes Auf und Ab auf der Notenskala scheint ihn allerdings zu verwirren.

Der Geschichtslehrer **Wagenbach** ist einerseits »ein autoritäres Arschloch« (41), auf der anderen Seite gibt Maik zu, dass sein Unterricht in Ordnung ist. Wagenbach ist gefürchtet, denn die Schüler wissen, dass mit ihm nicht zu spaßen ist. Es geht sogar das Gerücht um, er habe früher einen Hammer bei sich getragen, mit dem er klingelnde Handys zum Schweigen gebracht habe. Einzig Tschick scheint von Wagenbach nicht sonderlich beeindruckt zu sein: Mit stoischer Ruhe lässt er Wagenbachs Vorstellungsgerede über sich ergehen und geht auf dessen Aufforderungen in keiner Weise ein. Seinem Ruf gerecht wird Wagenbach nach dem Ende der Sommerferien, als er den Briefwechsel zwischen Tatjana und Maik abfängt und ihn genussvoll der Klasse vorträgt.

Berüchtigt und gefürchtet

Der Sportlehrer **Wolkow** hält gern Vorträge über Fußball und läuft währenddessen mit den Jungs der Klasse endlose Runden um den Platz. »Wenn Wolkow eine mittelschwere Halsentzündung hat, schwafelt er etwas weniger. Wenn Wolkow tot ist, fällt der Unterricht aus. Aber wenn er eine extrem schlimme Halsentzündung hat, joggt er einfach lautlos um den Platz« (37). An einem solchen Tag, als Wolkow eine extrem schlimme Halsentzündung hat, ermöglicht er Maik seinen Hochsprungrekord – die Chance für Maik, Tatjanas Aufmerksamkeit auf sich zu ziehen.

### Begegnungen auf der Reise

Unterwegs auf ihrer Reise machen Maik und Tschick viele, teils skurrile, Bekanntschaften. Die erste sehr verwunderliche Begegnung machen sie mit dem **Adel auf dem Radel**, einer Gruppe blaublütiger Fahrradfahrer, die von

Irritierende Begegnung

Gut zu Gut fahren. Maik und Tschick wollen erst gar nicht glauben, dass es so etwas gibt: »Vielleicht war vor der örtlichen Clownsschule auch gerade eine Ladung Koks ausgekippt worden« (124), so Maiks verwunderte Reaktion auf das Gespräch mit einem Mädchen aus der Gruppe.

Eremit und Kriegsveteran

**Horst Fricke** empfängt die beiden Reisenden nicht besonders freundlich. Das erste, was Maik und Tschick von ihm zu sehen bekommen, ist der Lauf seines Gewehres. Der alte Mann, der ganz alleine in einem verlassenen Dorf lebt, lädt die beiden nach anfänglichem Beschuss zu einer Limonade ein. Horst Fricke lebt als Einsiedler in einem heruntergekommenen, verdreckten Haus mit unzähligen Schwarzweißfotografien an der Wand. Er scheint sich schon lange aus der Zivilisation verabschiedet zu haben, denn er fragt Maik und Tschick, »ob Berlin sich wirklich so verändert hätte und ob man da noch unbehelligt über die Straße gehen könnte« (184). Er interessiert sich aber vor allem dafür, ob Maik und Tschick Freundinnen haben, und nimmt das zum Anlass, den beiden von seiner großen Liebe Else zu erzählen, die im Zweiten Weltkrieg im Konzentrationslager ermordet wurde, da sie den Juden Literatur übersetzt habe. Fricke selbst kämpfte im Strafbataillon gegen Russland und ist nach all den Jahren immer noch stolz auf seine Trefferquote: »Horst Fricke, bester Schütze seiner Einheit. Ich hatte mehr Eichenlaub an meiner Brust als ein verdammter Wald. Wie Tontauben hab ich die weggeknallt« (187). Vor allem Tschick ist sehr skeptisch in Bezug auf all diese drastischen Erzählungen: »Das ist doch alles Schwachsinn« (188). Der alte Mann gibt den beiden neben einer Art Lebensweisheit (»Alles sinnlos. Auch die Liebe.

Carpe diem«, [188]) noch ein kleines braunes Fläschchen undefinierbaren Inhalts mit auf den Weg.

Besonders fasziniert sind Maik und Tschick von dem Mittagessen mit **Friedemann und seiner Familie,** die sie auf der Suche nach einem Supermarkt kennenlernen. Weder Sohn noch Mutter können den beiden den Weg zum nahe gelegenen Supermarkt nennen, da sie selbst ausschließlich im örtlichen Hofladen einkaufen. Den Hunger der beiden Reisenden kann die Mutter aber dennoch stillen – sie lädt Maik und Tschick kurzerhand zum Mittagessen ein. Maik ist zunächst skeptisch, doch die Gastfreundschaft und Selbstverständlichkeit, mit der die beiden zu Friedemann und seinen vier Geschwistern an den Tisch gesetzt werden, überrascht auch ihn positiv. Dass das Essen ein kulinarisches Hocherlebnis ist und die Mutter bei der Verteilung der unterschiedlich großen Nachtischportionen zum Quizmaster wird, trägt noch zur Besonderheit dieser Bekanntschaft bei. So resümiert Maik die Einladung mit den Worten: »Es waren tolle, spinnerte Leute. Die nett waren und ein bisschen durchgeknallt, verdammt gutes Essen machten und außerdem wahnsinnig viel wussten – außer wo der Supermarkt ist« (134).

Alternatives Familienbild

Eine ganz andere Art von Mensch ist die **Sprachtherapeutin,** deren körperliche Ausmaße Maik an ein Flusspferd erinnern (vgl. 190). Sie hat den ersten Unfall der beiden beobachtet und eilt sofort mit einem Feuerlöscher zu Hilfe. Zunächst wirkt sie fast schon hysterisch, erweist sich dann aber nicht nur als sehr hilfsbereit, sondern auch als tatkräftig. Vor Schreck lässt sie zwar erst einmal ihren Feuer-

Impulsive Hilfsbereitschaft

löscher auf Tschicks Fuß fallen, beschließt aber dann, den jungen Mann eigenhändig ins Krankenhaus zu fahren. Sie ist eine resolute Frau, die keine Widerworte zulässt, Tschick kurzerhand schultert und in ihren Wagen verfrachtet. Ihre Impulsivität spiegelt sich auch in ihrem Fahrstil wider: »Wenn Hindernisse vor uns auftauchten, hupte die Frau oder blendete auf, und wenn das nichts half, raste sie in aller Seelenruhe auf der Standspur an den anderen vorbei« (195). Besonders bemerkenswert findet Maik, dass sie trotz ihres voluminösen Körperumfangs kichert wie ein kleines Mädchen. Auch im Krankenhaus fühlt sie sich immer noch für die beiden verantwortlich, kauft ihnen Snacks und wartet stundenlang auf Tschicks Untersuchung. Als sie sich schließlich verabschiedet, gibt sie ihnen noch 200 Euro für die Bahnfahrt zurück nach Hause. Maik ist merklich beeindruckt von ihrer Großzügigkeit und ihrer Fürsorge: »[S]ie war wirklich die netteste von allen.« (201).

Unerwartete Hilfe

Mit der Bekanntschaft der Sprachtherapeutin ist die Erfahrung der Hilfsbereitschaft fremder Menschen für Maik aber noch nicht beendet. Zu erwähnen ist noch **Herr Reiber,** dessen Nummer Maik im Krankenhaus zufällig wählt, als er der Krankenschwester vorspielt, seine Tante Mona anzurufen. Vollkommen unerwartet spielt Herr Reiber bei Maiks fiktivem Telefonat mit. Maik ist perplex und im positiven Sinne überrascht, denn mit so etwas hatte er nicht gerechnet. »Wenn er aufgelegt hätte oder rumgeschrien, das hätte ich noch verstanden, nachts um vier. Aber dass er sich die ganze Zeit amüsierte und uns seine Hilfe anbot – alter Finne« (209).

Die **Krankenschwester Hanna** und der **Richter Burgmüller** gehören an sich nicht mehr zu den Personen, die Maik und Tschick unmittelbar auf der Reise begegnen. Da sowohl Maiks Krankenhausaufenthalt als auch die Gerichtsverhandlung aber an die Reise anschließen und Maik beide sehr schätzt, seien sie an dieser Stelle zumindest kurz erwähnt.

# 4. Werkaufbau

Die Frage des Genres

Viele haben versucht, den Roman *Tschick* einem bestimmten Genre zuzuordnen. Liegt der Fokus der näheren Betrachtung auf der Entwicklung, die die beiden Protagonisten im Verlauf der Handlung machen, ist von einem Jugend- oder Bildungsroman bzw. einer Coming-of-Age-Geschichte die Rede. Rückt eher das erlebnisreiche Reisen, das kühne und ungewisse Unterwegssein in den Vordergrund, wird *Tschick* als Abenteuerroman oder als Roman wie ein Roadmovie bezeichnet. All diese Versuche, *Tschick* näher zu analysieren, haben ihre Berechtigung – keiner erweist sich allein als erschöpfend. Die Struktur der Haupthandlung ähnelt tatsächlich dem Genre des Roadmovies, dem beispielsweise Filme wie »Thelma & Louise« (1991) oder »Friendship!« (2010) angehören. Wichtigstes Motiv hierbei ist das Unterwegssein, es spielt keine Rolle, ob die Reise ein konkretes Ziel hat oder ob sie Selbstzweck bleibt. Die Episodenhaftigkeit des Roadmovies, die es dem Rezipienten ermöglicht, die Protagonisten auf verschiedenen Stationen ihrer Reise zu begleiten, ihre Erlebnisse zu teilen, sie bei der Lösung ihrer Probleme zu beobachten und ihre Bekanntschaften mitzuerleben, ist ein wesentliches Charakteristikum dieses Genres. Auch wenn die Fahrt mit dem gestohlenen Lada den elementaren roten Faden des Romans bildet, ist gegen eine reine Zuordnung zum Genre der »Roadnovel« einzuwenden, dass die Reise erst nach rund hundert Seiten beginnt.

Eine »Roadnovel?«

Eine Heldenreise?

Auch das Schema der Heldenreise, bekannt aus der antiken Mythologie, heute auch ein Grundmuster des amerikanischen Kinos, kommt in Bezug auf *Tschick* immer wieder zur Sprache. Tatsächlich finden sich einige der Merkmale der Heldenreise[5] auch im Roman wieder. Von der Möglichkeit des Ausbruchs aus einer schwierigen Situation über den konkreten Aufbruch zur Reise und der Konfrontation mit verschiedenartigen Schwierigkeiten, die es zu lösen gilt, bis hin zur gestärkten Rückkehr in den Alltag lassen sich die Grundzüge einer typischen Heldenreise in *Tschick* festmachen.

Als Bezugspunkt nennt Herrndorf selbst *Die Abenteuer des Huckleberry Finn.*

Unabhängig von Vorbildern oder Kategorisierungen bleibt als Essenz der strukturellen Untersuchung des Romans festzuhalten, dass das Motiv der Reise, an deren Ende ein Erfahrungsgewinn steht, das Hauptcharakteristikum des Romans darstellt.

Erzählverhalten und Erzählform

Maik Klingenberg ist der personale Ich-Erzähler des Romans. Alles, was er erzählt, ist unter dem Vorbehalt zu betrachten, dass seine Sichtweise auf die Dinge geschildert wird, dass es sich hierbei um seine Gedanken, Erinnerungen und Eindrücke handelt, die somit immer stark subjektiv eingefärbt sind. So müssen sich beispielsweise die Dialoge, die Maik wiedergibt, nicht genau so abgespielt haben. Er berichtet aus seiner Erinnerung von ihnen und – und das ist noch entscheidender – hat ihnen nicht als neutraler Beobachter beigewohnt, sondern war selbst Teil des Geschehens.

Aufbrechen der Chronologie

Der Erzähler beginnt mit seiner Geschichte auch nicht an ihrem Anfang, sondern durchbricht die Chronologie der Ereignisse, indem er das Ende der Reise vorwegnimmt und retrospektiv bzw. in der Rückschau berichtet, wie es zu der Ausgangssituation im ersten Kapitel kam. Der Erzählaufbau ähnelt somit gewissermaßen dem des analytischen Dramas[6], das in der Regel damit beginnt, dass es eine Situation als vorübergehenden Abschluss eines Geschehens präsentiert. Die Geschichte wird dann bis an ihren Ausgangspunkt zurückverfolgt, und schließlich werden die Folgen aufgezeigt. Entsprechend schließt sich am Ende von Kapitel 44 der Kreis zu den ersten vier Kapiteln: Nach der Kollision mit dem serbischen Schweinetransporter wird Maik von der Polizei auf der Autobahn aufgegriffen und sagt selbst: »Und den Rest habe ich ja schon erzählt« (226). Die Kapitel 45 bis 49 stellen dann das Nachspiel der Reise dar und werden in chronologischer Reihenfolge erzählt.

Der Zeitraum, den die Romanhandlung umfasst (erzählte Zeit), erstreckt sich über die Zeit vom Ende der Osterferien (Tschick kommt neu in die Klasse) bis hin zu den ersten Schultagen nach den Sommerferien. In seinen Erzählungen geht Maik weit in seiner Kindheit zurück und berichtet beispielsweise von seinem Freund in der Grundschule oder von Kindheitserinnerungen an Besuche im Tennisclub. Wie lange Maik und Tschick tatsächlich mit dem Lada unterwegs sind, wird nicht genau gesagt. Zählt man Maiks ungefähre Angaben der Tageszeit oder der Lichtverhältnisse zusammen, so lassen sich beim Lesen neun

Erzählte Zeit

Übernachtungen festmachen: Man darf sich jedoch nicht darauf verlassen, dass Maik tatsächlich von jeder einzelnen Etappe der Reise berichtet, ohne etwas auszulassen. Dennoch ist davon auszugehen, dass die beiden etwas über eine Woche unterwegs sind. Zum einen ist Maiks Vater nur für zwei Wochen verreist, und zum anderen unterhalten sich Maik und Tschick nach ihrer »Flucht« aus dem Krankenhaus »über die tollste und aufregendste Woche [ihres] Lebens« (213).

Den Anfangspunkt der Reise markiert die »Nacht zum Sonntag« (101). Um vier Uhr früh beladen Maik und Tschick den Lada und brechen anschließend auf. Die erste Nacht verbringen die beiden bei Gewitter im Auto auf freiem Feld. In der darauffolgenden Nacht, nach dem Intermezzo mit Lutz Heckel in der Bäckerei und dem ersten Nummernschildertausch, machen sie Station an der Aussichtsplattform (vgl. 119 ff.). Es folgen die Episode mit dem Besuch bei Friedemanns Familie und die Verfolgungsjagd mit dem Dorfsheriff, in deren Folge Maik und Tschick getrennt werden. Maik berichtet, dass er »die halbe Nacht in diesem Gebüsch« (139) verbringt und beim ersten Morgenlicht zurück zur Aussichtsplattform in der Hoffnung fährt, Tschick dort wiederzutreffen. Wo sie die nächste Nacht verbringen, erzählt Maik nicht. »Am nächsten Tag« (144) ist die einzige Zeitangabe, die Maik macht. Es wäre also auch möglich, dass sie die Nacht durchgefahren sind, nachdem sie sich abends wiedergetroffen haben. Der nächste Tag ist geprägt von der Überlegung, wie am besten an Benzin heranzukommen sei, und der anschließenden Suche nach Hilfsmitteln auf der Müllhalde. Auf dem Rückweg von der Müllhalde zur Tankstelle sehen sie »links über der Autobahn [...]

die ersten Sterne« (159), was die nächste Nacht ankündigt. Von einer Übernachtung berichtet Maik auch an dieser Stelle nicht – nachdem der Lada betankt ist, ist die nächste zeitlich relevante Angabe, die er macht, dass sie »der Sonne nach« (165) auf einer Landstraße fahren. Es folgt die Übernachtung an dem Bergsee. Während Tschick »[f]rüh am nächsten Morgen« (169) losgeht, um Frühstück zu besorgen, liegt Maik »noch im Halbschlaf auf der Luftmatratze« (ebd.). Als sie später an diesem Tag auf dem Berggipfel stehen, macht Maik eine der seltenen exakten Zeitangaben: Es ist »fünf Uhr nachmittags« (175). Auf den Abstieg vom Berg folgt die Weiterfahrt, schließlich die Bekanntschaft mit Horst Fricke, der erste Unfall und die Nacht im Krankenhaus, aus dem sie dann im Morgengrauen wieder flüchten. Maik erwähnt zwar nichts von einer weiteren Übernachtung am See, aber da es auf dem Gipfel bereits Spätnachmittag ist und Maik von »Mittagshitze« (178) spricht, ist davon auszugehen, dass inzwischen wieder eine Nacht vergangen ist. Im Krankenhaus ist Tschick »kurz vor Mitternacht« (201) immer noch nicht untersucht worden, »nachts um vier« (208) telefoniert Maik mit Herrn Reiber alias Tante Mona. Die letzte Nacht vor dem Unfall mit dem Schweinetransporter, der den endgültigen Schlusspunkt der Reise markiert, verbringen Maik und Tschick wieder im Auto. »Wir fuhren bis zur Dämmerung auf der Autobahn und bogen dann wieder aufs Land ein« (217). »Am nächsten Tag« (221) fahren sie dann wieder auf die Autobahn. Nach dem Unfall wird Maik von der Polizei mitgenommen (226), es folgen die Befragung auf der Polizeistation und der Aufenthalt im Krankenhaus. Wie lange Maik im Krankenhaus ist, wird nicht gesagt. Klar ist, dass es mehrere Tage sind, denn seine Lieblingskrankenschwester Hanna wechselt »jeden Tag« (17) Maiks Verband und der Arzt hat Maik gegenüber »vor ein paar Tagen schon mal« (18) über seine Schweigepflicht ihm gegenüber gesprochen. Die Gerichtsverhandlung findet noch in den Sommerferien statt, Maik erwähnt nach dem Streit mit seinem Vater, dass Tschick seit dem Unfall in einem Heim ist, »und das war jetzt schon vier Wochen her« (231). Es folgt die »[e]rste Stunde am ersten Tag nach den Sommerferien« (237) und zum Schluss die vage Angabe, dass Maik »[i]rgendwann« (249) den Brief von Isa erhält. Diese Andeutung lässt sich aber durch Isas Brief konkretisieren. Sie schreibt, dass sie »nächste Woche« (250) nach Berlin kommt und Maik am »Sonntag, den 29. um 17 Uhr« (ebd.) treffen will. Es ist zu vermuten, dass damit der 29. August gemeint ist. Zeitlich spielt die Handlung im selben Jahr, in dem auch der Roman erschienen ist: 2010. Das wird klar aus Maiks Vorschlag, sich fünfzig Jahre später, genau am 17. Juli 2060, wieder auf dem Berg zu treffen (vgl. 175).

Jahr der Handlung: 2010

Das Erzähltempo des Romans variiert. Dialoge werden beispielsweise oft deckend erzählt, was bedeutet, dass das Verhältnis von erzählter Zeit (die Zeit, die in der Erzählung wiedergegeben wird) und Erzählzeit (die Zeit, die für die Erzählung bzw. das Erzählen selbst gebraucht wird) nahezu identisch ist (»›Wovon redest du?‹ ›Der Lada und ab.‹ ›Das ist nicht ganz das, was *normale* Leute machen.‹ ›Aber könnten wir, oder?‹ ›Nee. Drück mal auf Start.‹« [96]). Einzelne Szenen, wie zum Beispiel der Unfall mit dem Schweinetransporter

Erzähltempo

und Maiks Gedanken vor der Kollision, werden zeitdehnend geschildert (»In absoluter Stille glitten wir auf diese Räder zu, und ich dachte, jetzt sterben wir also. Ich dachte, jetzt komme ich nie wieder nach Berlin, jetzt sehe ich nie wieder Tatjana [...].« [223]). Viele Episoden der Reise weisen im Gegensatz dazu ein zeitraffendes Erzählen auf (»Eine Stunde nach der anderen saß ich oben auf der Mauer und wartete.« [141]).

Konzeptionelle Mündlichkeit

Die Sprache des Romans versucht, Mündlichkeit direkt wiederzugeben. Dadurch entsteht der Eindruck, dass der Erzähler tatsächlich im Moment etwas erzählt, also spricht, und seine Worte nicht schriftlichen Konventionen anpasst. Die Redeweise des Erzählers ist umgangssprachlich, sie folgt auch nicht immer dem grammatikalisch korrekten Satzbau. Und wie jeder Mensch hat auch Maik ein paar bestimmte Wörter bzw. Redewendungen, die er immer wieder verwendet, wie zum Beispiel den Ausspruch »Alter Finne«, wenn ihn etwas beeindruckt oder überrascht, oder die Beschreibung »den Stecker ziehen«[7], die Maik an einigen Stellen verwendet, um zum Ausdruck zu bringen, dass ihn etwas besonders berührt. Herrndorf, der selbst Mitte vierzig war, als er den Roman verfasste, leistet hier den Balanceakt zwischen dem Eindruck der Authentizität eines vierzehnjährigen Sprechers und der bei

Jugendsprache

Jugendbüchern stets mitschwingenden Gefahr einer Anbiederung an das jugendliche Publikum. Die Kritiker sind sich einig, dass ihm dies gelungen ist, und loben die Sprache, die den Eindruck vermittelt, hier spräche tatsächlich ein Teenager, ohne dabei übertrieben zu wirken. »Wenn man erst anfängt, mit Slang um sich zu schmeißen, wird man doch schon im nächsten Jahr ausgelacht«, entgegnete Herrndorf auf die Feststellung seiner Schriftstellerkollegin und Freundin Kathrin Passig, dass er in *Tschick* sparsam mit generationsspezifischen Ausdrücken umgehe. Auch wenn er nicht wisse, womit 1995 Geborene heutzutage ihre Zeit verbrächten, finde er es nicht problematischer, einen Jugendlichen sprechen zu lassen als beispielsweise »Handwerker, Ärzte oder Lokführer«[8]. Dieser Versuch, unangestrengt zu wirken, spiegelt sich in Maiks Sprache wider.

# 5. Wort- und Sacherläuterungen

5 **»Welcome to the Dollhouse«:** Filmkomödie von 1995 (»Willkommen im Tollhaus«) über eine Elfjährige, die an Selbstbewusstsein gewinnt.

9,16 **Hagecius:** Thaddaeus Hagecius, Arzt und Astronom im 16. Jahrhundert.

10,15 **sich zum Obst machen:** sich lächerlich machen, blamieren.

10,22 **gen Mekka:** Mekka: Stadt in Saudi-Arabien, Wallfahrtsort des Islam. Dort befindet sich die Kaaba, das Zentralheiligtum der Muslime. Beim Gebet wenden sich gläubige Muslime in Richtung Mekka.

12,20 **Charité:** berühmtes Krankenhaus in Berlin.

13,4 **Valium:** Arzneimittel, das zur Behandlung von Schlaflosigkeit und Angstzuständen eingesetzt wird. Wird es über einen längeren Zeitraum eingenommen, kann es abhängig machen.

13,19 **meschugge:** jiddisch für »verrückt«.

13,29 **Attila der Hunnenkönig:** im 5. Jahrhundert Anführer der Hunnen, eines kriegerischen Reitervolks aus dem heutigen Ungarn.

13,31 **Hiobsbotschaft:** eine sehr schlechte Nachricht. Der Begriff geht auf das alttestamentarische Buch Hiob zurück. Hiob war ein besonders frommer und gottesfürchtiger Mann, dessen Glaube der Teufel und Gott auf die Probe stellen wollten. Hiob erhielt eine Unglücksnachricht nach der anderen (über den Tod seiner Familie, die Verwüstung seines Landes u. a.), dennoch bewahrte er seinen Glauben an Gott.

15,22 **Megan Fox:** amerikanische Schauspielerin und Model.

16,7 **Michael Schumacher:** mehrfacher Formel-1-Weltmeister.

19,20 **Tatort:** Krimiserie in der ARD.

20,12 **Walachei:** Gebiet in Rumänien; umgangssprachlich wird so auch ein besonders abgelegener Ort bezeichnet.

22,15 **GTA IV:** Grand Theft Auto, anspruchsvolles Computerspiel.

24,22 **Atheisten:** Atheist: jemand, der die Existenz Gottes (bzw. von Göttern allgemein) verneint.

24,23 **Protestanten:** Angehörige einer christlichen Konfession, die nach der Reformation im 16. Jahrhundert entstanden ist.

25,3 **World Trade Center:** Doppelturm in New York, in den 2001 zwei gekaperte Flugzeuge flogen, die die Türme zum Einsturz brachten.

26,18 **Gläubiger:** jemand, der einem Schuldner gegenüber berechtigt ist, finanzielle Forderungen zu stellen.

28,21 **Brandy Alexander:** cremiger, auf Brandy basierender Cocktail.

25,13 **Bankrott:** Zahlungsunfähigkeit.

28,13 **Medenspiele:** Saisonspiele im Tennis, Vereinsmeisterschaft.

30,2 **Dirk Nowitzki:** berühmter Basketballspieler.

30,2 **Dunking:** Basketball: Der Ball wird von oben im Sprung in den Korb versenkt.

30,10 **Alki:** Alkoholiker.

30,16 **Osiris:** altägyptische Gottheit des Jenseits.

33,9 **Salma Hayek:** mexikanisch-amerikanische Schauspielerin.

34,11 **Herbarium:** Sammlung gepresster und getrockneter Pflanzen.

34,16 **Habitus:** hier: die äußere Beschaffenheit eines Organismus, z. B. der Wuchs einer Pflanze.

34,26 **Friedrich der Große:** (1712–1786) König von Preußen und Kurfürst von Brandenburg.

37,8 **van Gaal:** Louis van Gaal, 2009–2011 Trainer beim FC Bayern München.

37,16 **Simunic:** Josip »Joe« Šimunić, kroatischer Fußballspieler.

38,8 **Sermon:** in der ursprünglichen Bedeutung: Predigt, Rede. Abwertend: langatmiges Gerede, Geschwätz, Strafpredigt.

39,21 **Aeroflot:** größte russische Fluggesellschaft.

39,21 f. **Kondor:** einer der größten Vögel der Welt.

52,11 **PISA-Test:** (PISA: Programme for International Student Assessment) internationale Untersuchung der schulischen Leistung von Jugendlichen.

53,1 ff. **»Ein Mann, der Herrn K. lange nicht gesehen hatte, […]«:** Zitat aus *Das Wiedersehen*; Parabel von Bertolt Brecht, die zu den *Keuner-Geschichten* gehört.

55,14 **Genfer Konvention:** zwischenstaatliches Abkommen zum Schutz der Bevölkerung im Kriegsfall.

56,1 **Kommunist:** Anhänger des Kommunismus, einer politischen Strömung, deren grundlegende Idee die Abschaffung allen Privateigentums und die Bildung einer Gütergemeinschaft ist.

58,12 **Beyoncé:** Beyoncé Knowles, US-amerikanische R&B-Sängerin. Bis 2005 war sie Mitglied der Gruppe »Destiny's Child«, seither tritt sie als Solo-Künstlerin auf.

59,15 **Alte Meister:** Mit diesem Begriff werden berühmte Maler der Vergangenheit sowie deren Werke bezeichnet.

79,7 **White Stripes:** von Jack White gegründete Band mit Schlagzeugerin Meg White; heftige Mischung aus Rock, Punk, Indie, Blues und Folk. Beide gaben sich als Geschwister aus, waren aber verheiratet.

79,14 **Graf Luckner:** Felix Graf von Luckner, deutscher Seeoffizier im Ersten Weltkrieg und Schriftsteller.

80,29 **Graf Koks:** umgangssprachlich für einen Angeber; eingebildeter Mensch, der sich als besonders vornehm ausgibt.

81,1 **Jack und Meg:** Vgl. Anm. zu 79,7.

81,15 **Lada Niva:** Geländewagenmodell des russischen Autoherstellers AvtoVAZ, dessen PKW unter dem Markennamen Lada verkauft werden.

85,1 **schwul:** erste Nennung des Themas Homosexualität.

84,19 **Mika Häkkinen:** ehemaliger finnischer Formel-1-Pilot.

92,29 f. **Gute Zeiten, schlechte Zeiten:** seit 1992 laufende Fernseh-Soap.

95,20 **Doom:** Egoshooter-Spiel.

97,30 **Pampa:** riesige Grassteppe in Südamerika, am Rio de la Plata.

99,4 **Kippe:** Tschick meint die Kippa, die Kopfbedeckung männlicher Juden.

99,6 **Georges Aznavour:** Charles Aznavour: französischer Chansonsänger.

101,18 **Tennisball:** tatsächlich kann man Autotüren, die ein altes, durch Druckluft gesteuertes Zentralverriegelungssystem haben, durch einen scharfen Luftstoß aus einem zusammengequetschten Tennisball öffnen; heute funktionieren Zentralverriegelungen aber elektrisch.

104,9 **Angela Merkel:** zum Zeitpunkt der Erzählung Bundeskanzlerin.

104,17 **Tony Soprano:** einer der Hauptcharaktere der berühmten amerikanischen Mafia-Fernsehserie »Die Sopranos«, die von 1999 bis 2007 ausgestrahlt wurde.

105,30 **»Ballade pour Adeline«:** 1976 komponiertes Stück, das Richard Claydermans Weltkarriere begründete.

107,1 **Kevin-Kurányi-Bart:** Kevin Kurányi: Fußballspieler, wechselte in der Sommerpause 2010 vom FC Schalke 04 zu Dinamo Moskau.

109,10 **Seewolf:** *Der Seewolf*, berühmter Roman von Jack London, der 1904 erschien.

109,11 **Steppenwolf:** Maik und Tschick haben beide recht: Steppenwolf ist sowohl ein Buch (diesmal ein Roman von Hermann Hesse) als auch eine Hardrock-Band der 1960er und 1970er Jahre.

111,20 **»Independence Day«:** Actionfilm von Roland Emmerich von 1996 über einen Angriff Außerirdischer auf die Welt.

113,3 **karriolte:** umherfuhr. *Karriolen* ist ein selten verwendetes Verb, das umgangssprachlich so viel bedeutet wie: sinnlos in der Gegend umherfahren.

115,3f. **die Fünfzehn auf die Dreißig:** Klemme 15 wird bestromt, sobald man den Zündschlüssel herumdreht, Klemme 30 geht (als »Dauerplus«) direkt von der Batterie ab. Hat man keinen Schlüssel, muss man Klemme 15 überbrücken bzw. direkt Strom vom »Dauerplus« ziehen, um den Motor in Gang zu bringen.

120,12 **»Krieg der Welten«:** nicht eine der vielen Verfilmungen des Romans von H. G. Wells, sondern die von 1988 bis 1990 im US-amerikanischen Fernsehen ausgestrahlte Serie »War of the Worlds«, dt. »Krieg der Welten«.

120,14 **»Starship Trooper«:** Spielfilm von 1997 von Paul Verhoeven über einen faschistischen Staat in der Zukunft, der gegen Aliens kämpft.

126,9 **Todesstern:** Der Begriff bezeichnet einerseits eine riesige, zerstörerische Raumstation aus den »Star Wars«-Filmen, andererseits wird er auch als Spitzname für den Saturnmond Mimas verwendet.

130,30 **bonfortionös:** außerordentlich.

129,23 **Risi-Pisi:** Reisgericht mit Erbsen, Klassiker der venezianischen Küche.

132,11 **Pizarro:** Francisco Pizarro war ein spanischer Eroberer, der im 16. Jahrhundert das Reich der Inka gewaltsam einnahm. Das Schiff, das der Naturforscher Alexander von Humboldt auf einer seiner Expeditionen nutzte, trug den Namen »Pizarro«.

131,21 **Merope Gaunt ... Slytherins Medaillon:** Details aus Harry-Potter-Romanen.

145,6 **Hannibal über die Alpen:** Hannibal war ein Feldherr aus Karthago, dessen Überquerung der Alpen (mit einem riesigen Heer, inklusive zahlreicher Pferde und Elefanten) während des Zweiten Punischen Krieges im 3. Jahrhundert vor Christus als brillante Idee und Leistung gilt. Durch diesen Schachzug konnte er in Italien einige wichtige Schlachten für sich entscheiden.

146,4 **Kapitalkraft:** Gemeint ist die Kapillarkraft, also die Kraft von engen Gefäßwänden, zwischen denen sich Flüssigkeiten hochziehen (wie in einem engen Strohhalm).

147,8 **Prinzip der kommunalen Röhren:** Das physikalische Gesetz, das Maik hier beschreibt, nennt man »Prinzip der kommunizierenden Röhren«; »kommunal« bedeutet eigentlich: »auf das Gemeinwesen bezogen« (s. Kommunalpolitiker).

156,14 **Cantors Unendlichkeitsdingens:** Georg Cantor, deutscher Mathematiker, der sich der Erforschung des Unendlichen widmete. Er gilt zudem als der Begründer der Mengenlehre.

164,21 **Hitler in seinen besten Tagen:** Die Autobahnen waren eines der Projekte Hitlers – auch, um im Kriegsfalle schnell Material an die Front bekommen zu können.

166,5 **Serpentinen:** schlangenförmige Wegführung an steilen Bergen, Straße mit vielen scharfen Kurven.

167,11 **als mein Homofreund:** Wiederaufgriff des Themas Homosexualität.

175,7 **Atomkrise:** Die Katastrophe um Fukushima ereignete sich erst im März 2011, die an dieser Stelle geäußerten Gedanken sind also beinahe prophetisch.

182,12 **Tagebau:** Abbau von mineralischen Rohstoffen an der Erdoberfläche.

185,9 f. **Lionel-Messi-Fan:** Lionel Messi: argentinischer Fußballer, der vier Mal in Folge, von 2009 bis 2012, Fußballer des Jahres war.

185,10 f. **Cristiano Ronaldo:** Fußballspieler, wechselte 2009 (zur damals höchsten Transfersumme) zu Real Madrid.

185,16 **Alabasterkörper:** Alabaster ist eine Art Gips, die äußerlich Marmor ähnelt. Von Menschen mit einer makellosen, sehr hellen Haut sagt man, sie haben einen Alabasterkörper.

185,19 **Carpe diem:** im Deutschen meist mit »Nutze den

Tag« übersetzt. Dieser Ausspruch stammt ursprünglich von dem römischen Dichter Horaz, wurde aber vor allem im Zeitalter des Barock zu einem zentralen Motiv: Angesichts des allgegenwärtigen Todes während des Dreißigjährigen Kriegs (1618–1648) forderten die Menschen einander dazu auf, die Zeit auf Erden zu nutzen und zu genießen.

186,17 **Ernst Röhm:** deutscher Offizier, Führer der SA, homosexuell, wurde 1934 auf Befehl Hitlers erschossen.

186,22 **Juden Shakespeare:** Shakespeare war kein Jude, verfasste aber ein berühmtes Stück, »Der Kaufmann von Venedig«, in dem es um einen Juden geht, der auf sein Recht pocht.

186,22 **Ravage:** Marcus Eli Ravage (1884–1965), jüdischer Schriftsteller, der nach Amerika emigrierte.

186,27 **Kursker Bogen:** Kursk ist eine Stadt in Russland.

187,10 **Eichenlaub:** Ähnlich wie der Lorbeerkranz gilt das Eichenlaub als Symbol der Ehre und der Auszeichnung. Es findet sich auf zahlreichen Orden, Münzen und Denkmälern.

187,14 **MG:** Abkürzung für Maschinengewehr.

187,23 **Tscheka:** politische Polizei der Sowjetunion.

214,10 **nicht wahnsinnig überrascht:** Wiederaufnahme des Themas Homosexualität.

222,13 **Wanderdüne:** Düne, die von Winden getrieben im Laufe der Zeit ihren Standort ändert und alles unter sich begräbt.

223,30 **nicht zwischengespeichert:** keine Sicherungskopie gemacht, hier: sich nicht gemerkt.

225,8 **Radnabe:** Mittelstück des Rades, an dem die Achse befestigt ist.

227,7 **Rasierwasser … Aramis:** relativ teurer Duft »für den modernen Mann« (so die Werbung).

232,4f. **»Richterin Barbara Salesch«:** erfolgreiche halbdokumentarische Gerichtssoap, von 1999 bis 2012 wurden 2147 Folgen ausgestrahlt.

232,13 **Poncho:** eigentlich deckenartiger Mantel, in Südamerika übliche Bekleidung.

237,11 **Bismarck:** Otto von Bismarck, deutscher Politiker, der zahlreiche bedeutende Ämter innehatte. Zwischen 1871 und 1890 war er der erste Reichskanzler des Deutschen Reiches.

243,4f. **Räuberpistole:** haarsträubende, schwer zu glaubende Geschichte.

244,12 **der debile Zeichentrickbär:** der leicht geistig behinderte Zeichentrickbär. Debilität bezeichnet zwar eine leichte Form einer geistigen Behinderung, vor allem das Adjektiv »debil« wird aber häufig abwertend im Sinne von blöd oder schwachsinnig verwendet.

251,1 **kieloben:** umgedreht.

252,16 **Eskimorolle:** Drehung mit dem Kajak um die Längsachse.

252,29 **d'Artagnan:** französischer Soldat, der zur Zeit des Sonnenkönigs Ludwig XIV. den Musketieren angehörte. Sein Leben inspirierte den Schriftsteller Alexandre Dumas zu dem Roman *Die drei Musketiere*, der von d'Artagnan und seinen Gefährten Athos, Porthos und Aramis handelt und schon viele Male verfilmt wurde.

253,2 **Stasi:** Ministerium für Staatssicherheit in der DDR, das die Bevölkerung der DDR überwachen ließ.

253,9 **Vandalismus:** bewusste und mutwillige Zerstörung oder Beschädigung.

# 6. Interpretation

## Außenseitertum, Ausbruch, Identitätssuche

Zwei Außenseiter

Herrndorf wählt für seinen Roman zwei Protagonisten, die beide Außenseiter sind. Sie gehören keiner Clique an, haben keinen Anschluss in ihrer Klasse. Maik lebt gewissermaßen in seiner eigenen Welt, kann mit seinen Klassenkameraden nichts anfangen. Seine abfälligen Beschreibungen seiner Mitschüler wirken, als blicke er ein wenig spöttisch auf sie hinab. Tschick selbst spricht zwar kaum mit anderen, er wird aber aufgrund seines Äußeren und seines oftmals alkoholisierten Zustands schnell als asozial abgestempelt. Es ist Maiks Jacke, die die beiden schließlich miteinander Bekanntschaft schließen lässt. Maik reagiert abweisend auf Tschicks Versuch, sich mit ihm zu unterhalten. Auch als dieser zu einem späteren Zeitpunkt bei ihm zu Hause erscheint, ignoriert er ihn zunächst. Tschick hingegen verhält sich offen und zeigt sich Maiks negativen Reaktionen gegenüber resistent. Der Wendepunkt hinsichtlich Maiks Einstellung zu Tschick wird erreicht, als Tschick anhand der zerrissenen und wieder geklebten Beyoncé-Zeichnung Maiks Gefühlslage erkennt und seiner impulsiven, unerschrockenen Art entsprechend sofort handelt. Maik beginnt an dieser Stelle seine Vorurteile, die er selbst als Außenseiter dem anderen Außenseiter Tschick gegenüber hatte, zurückzunehmen. Führt er Tschick mit den Worten »[i]ch konnte Tschick von Anfang an nicht leiden. [...] Tschick war ein Asi, und genau so sah er auch aus« (41) in seinen Erzählbericht ein, so revidiert er etwas mehr als vierzig Seiten später an besagter Stelle seinen Eindruck: »Und es war das erste Mal, dass ich dachte: Der ist ja wirklich gar nicht so doof« (88). Tschicks Selbstbewusstsein und Durchsetzungsvermögen sind dafür verantwortlich, dass er sich von Maiks zögerlicher, passiver und zu Beginn auch ablehnender Art nicht von seiner Idee abbringen lässt, mit Maik ohne Einladung auf Tatjanas Party vorbeizuschauen.

Im Gegensatz zu allen anderen Schülern empfindet Maik keine Vorfreude auf die Sommerferien: »Sechs Wochen keine Schule. Sechs Wochen keine Tatjana. Ich sah mich schon mit einem Strick vom Indianerturm baumeln« (67). Er ist einsam und hat keine Pläne, nichts, auf das er sich freuen kann. Ähnlich gestaltet sich allem Anschein nach Tschicks Ferienbeginn. Die Tatsache, dass sie beide keinen Anschluss haben und auch keine erwachsenen Aufsichtspersonen sich um sie kümmern, bildet die Grundlage für die entstehende Freundschaft zwischen den zwei Außenseitern und letztlich natürlich auch für die Reise. Für beide ist der spontane Aufbruch, der wiederum von Tschick initiiert wird, letztlich eine Flucht. Maik entflieht der frustrierenden Situation mit Tatjana, der Tristesse und der Einsamkeit zu Hause. Auch Tschick hat niemanden, der sich für seinen Verbleib interessiert. Seine Lebensumstände, die zwar nicht näher beleuchtet werden, mit der Einschätzung des Vaters »der lebt in der Scheiße« (229) aber möglicherweise recht gut getroffen werden, lassen ihn sein Zuhause auch nicht vermissen. Die schwierige und unangenehme Situation, die hier den Aufbruch einleitet, passt ebenso zum bereits angesprochenen Konzept der Heldenreise (vgl. hier S. 45) wie Maiks anfängliches Zögern,

Flucht aus der Einsamkeit

das Gewohnte gegen etwas Ungewisses einzutauschen. Besonders deutlich zeigt sich dies an Maiks Weigerung, zu Tschick in den Lada zu steigen. Warum er letztendlich doch einsteigt, analysiert Maik selbst: »Ich bin ja sonst eher feige. Aber gerade deshalb wollte ich wahrscheinlich mal nicht feige sein« (83). Ähnlich verhält es sich mit der Idee zu einer Reise: Maik nimmt Tschicks Vorschlag zunächst überhaupt nicht ernst, erst später beginnt der Gedanke einer Flucht aus der Enge Berlins in ihm zu reifen. Die Schwierigkeiten und Hindernisse, denen die beiden unterwegs begegnen, lassen sie Erfahrungen sammeln und persönlich wachsen. Das zunehmende Selbstvertrauen und Selbstbewusstsein, an dem es vor allem Maik vor der Reise gemangelt hatte, findet seinen Höhepunkt in der Vorstellung der eigenen Unzerstörbarkeit und Unaufhaltsamkeit: »Kein Unfall, keine Behörde und kein physikalisches Gesetz konnten uns aufhalten. Wir waren unterwegs, und wir würden immer unterwegs sein« (215 f.). Die Erfahrungen, die Maik auf der Reise macht, verändern ihn. Er ist nicht mehr der unsichere, nach eigener Einschätzung langweilige Sonderling. Klar aufgezeigt wird ihm die Diskrepanz zwischen der eigenen Wahrnehmung seiner selbst und seiner Wirkung nach außen hin in dem Gespräch mit Tschick nach ihrer Flucht aus dem Krankenhaus. Er traut sich zunächst nicht, an Tschicks Stelle das Auto zu fahren, und offenbart Tschick seine Selbstwahrnehmung: »Ich bin der größte Feigling unter der Sonne. Der größte Langweiler und der größte Feigling« (212); mitgefahren sei er nur, weil er einmal nicht langweilig sein wollte. Tschick protestiert energisch: Er habe Maik keine Sekunde lang für einen Lang-

> Selbstwahrnehmung vs. Fremdwahrnehmung

weiler gehalten. Seiner Einschätzung nach mögen die Mädchen Maik auch nicht deswegen nicht, weil er langweilig sei, sondern vielmehr deshalb, weil er nicht so »weichgespült« (213) sei wie die anderen Jungs.

Unfreiwillige Rückkehr

Die Rückkehr in den Alltag geschieht nicht freiwillig. Maik kann sich nicht vorstellen, je wieder nach Hause zu fahren. Aus diesem Grund setzen sie auch alles daran, die Reise fortzusetzen. Dieser Wunsch, verbunden mit der schließlich durch äußere Umstände erzwungenen Rückkehr in den Alltag, zeigt dabei wieder Parallelen, die die Konzeption des Romans zur Struktur der Heldenreise aufweist.

Die Themen »Homosexualität« und »Migration« klingen in der Freundschaft zwischen Maik und Tschick zwar beiläufig an, werden jedoch letztlich nicht weiter ausgeführt. Die Tatsache, dass Tschick Maik anvertraut, homosexuell zu sein, spielt nicht aufgrund des Inhalts dieses Geständnisses eine große Rolle, sondern zeigt die Qualität, die die Freundschaft der beiden erreicht hat, denn Tschick vertraut Maik sein größtes und intimstes Geheimnis an. Der Umgang mit der Homosexualität selbst bleibt vollkommen unaufgeregt, Tschicks Geständnis ändert nichts am Umgang der beiden miteinander. Im Gegenteil, Maik erwägt für einen Moment sogar, selbst schwul zu werden. »Das wäre jetzt wirklich die Lösung aller Probleme gewesen« (214). Auch Tschicks Migrationshintergrund, der dem Leser zwar durch verschiedenartigste Vorurteile wie die vermutete Beziehung Tschicks zur Russenmafia oder die selbstverständliche Annahme, seine neuen Schuhe seien

Ein Freundschaftsbeweis

gestohlen, durchaus präsent ist, spielt für die Freundschaft der beiden ebenfalls keine Rolle. Herkunft und soziale Stellung sind den beiden gleichgültig. Nicht ein Status oder die Zugehörigkeit zu einer Schicht verbindet die beiden miteinander, sie verstehen und mögen sich auf einer rein menschlichen Ebene. Dennoch klingen die Schwierigkeiten zumindest an, die Tschick als russischer Spätaussiedler hat.

## Weltsicht, Vergänglichkeit, Sinn

Eine der wichtigsten Erfahrungen, die Maik auf der Reise macht, ist, dass Fremde hilfsbereit sein können. In zahlreichen Situationen begegnen den beiden Menschen, die ihnen zunächst zwar seltsam oder verschroben vorkommen, die sich aber dann als sehr freundlich und hilfsbereit zeigen. Maik reflektiert dies nach dem nächtlichen Anruf bei seiner erfundenen Tante Mona. Er ist vollkommen überrascht, dass ihm jemand, den er mitten in der Nacht aus dem Schlaf reißt, Hilfe anbietet – anstatt erbost aufzulegen oder ihn am Telefon zumindest anzuschreien. An dieser Stelle revidiert Maik seine bisherige skeptische Weltsicht, wie sie ihm von seinem Vater und auch von den Medien eingetrichtert worden ist. »Seit ich klein war, hatte mein Vater mir beigebracht, dass die Welt schlecht ist. Trau keinem, geh nicht mit Fremden und so weiter« (209). Auch Maiks eigene Lebenserfahrung gab ihm bis dato keinen Anlass, anders zu denken. Sein Außenseiterdasein, die Vernachlässigung durch seine Eltern, das Gefühl, abgelehnt zu werden – all dies

Revidiertes Welt- und Menschenbild

führt natürlich nicht zu einer optimistischen Sicht auf die Welt oder auf seine Mitmenschen. Die Erfahrung, dass nicht die gesamte Menschheit schlecht und verkommen ist, spielt für Maik daher eine bedeutsame Rolle: Sie eröffnet ihm eine ganz neue Sichtweise auf das Leben und kann daher als eine der wichtigsten Errungenschaften der Reise bezeichnet werden.

Trotz aller Leichtigkeit, die den Grundton der Reise bestimmt, hängt Maik immer wieder auch schwermütigeren Gedanken nach. An mehreren Stellen des Romans macht er sich Gedanken über die menschliche Vergänglichkeit und das Älterwerden. So ist es für ihn unvorstellbar, sich selbst einmal in einen »beigen Rentner« (117) zu verwandeln, wie er sie vor der Bäckerei sitzend beobachtet. »Am meisten deprimierte mich der Gedanke, dass unter diesen Rentnerinnen auch welche sein mussten, die nicht langweilig oder öde gewesen waren in ihrer Jugend« (118). Die Tatsache, dass Maik sich zu diesem Zeitpunkt selbst für einen öden Langweiler hält, muss ihm dabei erst recht jede Hoffnung nehmen, sich später einmal von den Mitgliedern dieser einförmigen Reisegruppe zu unterscheiden. Er fragt sich, was aus all den Plänen und Hoffnungen geworden ist, die diese Menschen einst hatten, und kommt zu dem frustrierenden Schluss, dass am Ende alles egal sei, da sie sich sowieso nicht mehr voneinander unterschieden. Aus Individuen mit individuellen Träumen sind Maiks Einschätzung zufolge nicht weiter voneinander unterscheidbare Teile einer einheitlichen Masse geworden.

Noch deutlicher mit der menschlichen Vergänglichkeit und der Frage, was vom Leben bleibt, wird Maik in der Episode auf dem Berggipfel konfrontiert. Als er die aus dem

Jahre 1903 stammende Schnitzerei Anselm Wails entdeckt, muss er daran denken, dass von diesem Mann und seinem Leben vermutlich nichts mehr übrig ist, dass die Zeit all seine Spuren verwischt hat. »Seine Familie war [...] tot, seine Eltern waren tot, seine Kinder waren tot, alle, die ihn gekannt hatten, waren ebenfalls tot. [...] [D]as Einzige, was übrig war von Anselm Wail, war dieser Name in einem Stück Holz« (174). Maik ist sich sicher, dass es mit ihm auch so sein wird, dass mit der Zeit nichts mehr da sein wird von dem, was ihm in seinem Leben wichtig war, dass es irgendwann niemanden mehr interessieren wird, wer er war. Die Erlebnisse auf der Reise konfrontieren Maik erstmals in seinem Leben mit Gedanken solcher Art. Er ist vierzehn Jahre alt und hatte bisher keinen Anlass, sich Gedanken über die Zeitlichkeit des Menschen zu machen. Um das Vergessen zumindest hinauszuzögern, schlägt er deshalb Isa und Tschick auch vor, sich in fünfzig Jahren wieder auf dem Berg zu treffen.

Konfrontation mit der eigenen Vergänglichkeit

Den aufkeimenden Überlegungen, ob der Autor diese Gedanken aufgrund seiner eigenen Situation im Roman untergebracht hat, ob sie also autobiographischer Art sind, widerspricht Herrndorf in seinem Blog direkt selbst. Nachdem er die Arbeit an *Tschick* nach der Diagnose eines tödlichen Hirntumors wieder aufgenommen hatte, schrieb er: »Der Jugendroman, den ich vor sechs Jahren auf Halde schrieb und an dem ich jetzt arbeite, ist voll mit Gedanken über den Tod. [...] Wenn ich das drinlasse, denken alle, ich hätte es nachher reingeschrieben. Aber soll ich es deshalb streichen?«[9]

Gedanken über den Tod – autobiographisch?

Die Frage nach dem Sinn des Lebens

Maik spricht dies zwar nicht explizit aus, aber resultierend aus seinen Gedanken schwingt an Stellen wie diesen die Frage nach dem Sinn des Lebens mit. Falls sich am Ende sowieso alle in farblose Rentner verwandeln und falls die Zeit ungeachtet der eigenen Existenz immer weiter vergeht und nichts mehr von einem übriglässt: Welchen Sinn hat dann diese kurze Zeitspanne, in der der Mensch sein Leben lebt? Letztlich verrät ihm seine betrunkene Mutter dieses Geheimnis. Die Mutter, die nicht in der Lage ist, ihrem Sohn eine Stütze zu sein, ihn durch die schwierige Lebensphase der Pubertät zu begleiten und ihm etwas von seiner Einsamkeit zu nehmen, ist am Ende diejenige, die ihm einen wertvollen Rat gibt: »›Merk dir eins im Leben! Hab ich eigentlich schon mal über grundsätzliche Fragen gesprochen? […]‹ Sie zeigte einmal rundum. ›Das ist alles egal. Was nicht egal ist: Bist du glücklich damit? Das. Und nur das.‹« (251). Die Auffassung, dass es nicht von Bedeutung sein kann, sich an Luxusmöbel und andere weltliche Gegenstände zu klammern, unterstreicht die Mutter deutlich, indem sie die halbe Einrichtung im Pool versenkt. Das Versenken der Luxusgüter symbolisiert somit den Befreiungsschlag von äußeren Zwängen und Konventionen. Maik lässt sich davon anstecken und hilft ihr dabei. Selbst der Fernseher, der für Maik noch zu Beginn seiner Erzählung unersetzlich zu sein schien, landet im Wasser. Schließlich springt Maik hinterher und lässt unter Wasser die Erlebnisse des Sommers nochmals Revue passieren. Die Weisheiten seiner Mutter scheinen bei ihm Anklang zu finden: Es ist ihm egal, ob er nach dieser Aktion womöglich wieder »Psycho« heißen wird oder nicht, er ist einfach glücklich. Durch den Sprung in den Pool entziehen sich Maik und seine Mutter dem Alltag und dem, was sich angeblich schickt. Sie lassen die beiden Polizisten ratlos am Beckenrand zurück und ignorieren sie und die von ihnen verkörperten Grenzen und Konventionen.

## Grenzüberschreitungen und Gesetzesverstöße

Diebstahl, Fahren ohne Führerschein, Alkoholkonsum Minderjähriger, Lügen ... Die Liste der Grenzverletzungen oder sogar der Gesetzesverstöße im Roman ist lang. Die Frage, wie mit diesen Verstößen umgegangen wird, ist für die Interpretation grundlegend. Juristisch betrachtet, müssen Maik und Tschick die Konsequenzen für ihr Handeln natürlich tragen. Es kommt zu einer Gerichtsverhandlung, und beiden wird eine Strafe auferlegt – wenn auch eine sehr milde. Bezüglich der moralischen Beurteilung der teilweise kriminellen Handlungen verhält es sich anders. Interessant ist, dass sich in Maik und Tschick weder beim Stehlen des Autos (»›Kann man leihen. Der Besitzer merkt das gar nicht.‹« [82]) noch beim wiederholten Entwenden fremder Nummernschilder oder beim Abpumpen des Benzins Gewissensbisse regen. Während das Stehlen für Tschick schon vor seiner Freundschaft mit Maik völlig normal gewesen zu sein scheint (»›Ich hätt ihr eine CD geklaut, wenn sie mich eingeladen hätte.‹« [87]), obwohl man ihm auch nicht jede Aussage unhinterfragt glauben darf, so zeichnet sich bei Maik eine Entwicklung ab. Macht er sich bei seiner ersten Fahrt im Lada noch Gedanken um mögli-

Schuld und Sühne?

cherweise von ihm hinterlassene Fingerabdrücke, die ihn verraten könnten, ist er es wenig später, der zur Lösung des Benzinproblems vorschlägt, einfach ein neues Auto mit vollem Tank zu stehlen. Mit zunehmender Reisedauer wird es für Maik immer wichtiger, das Abenteuer fortsetzen zu können, koste es, was es wolle: Ihm scheint nahezu jedes Mittel recht zu sein, wenn es nur verhindert, dass sie die Reise beenden müssen. Auch wenn Tschicks fälschliche Versicherung, dass die Strafmündigkeit erst im Alter von fünfzehn Jahren erreicht werde, zu Beginn möglicherweise Maik sorgloser handeln lässt, so ist es der Wunsch, die Reise fortzusetzen, der ihn sich schließlich mit Leichtigkeit über Grenzen und Gesetze hinwegsetzen lässt. Die beiden Protagonisten denken dabei an keiner Stelle des Romans darüber nach, welche Konsequenzen ihr Handeln für andere Personen haben könnte. Dennoch ist klar, dass sie niemandem schaden wollen. Es geht ihnen ausschließlich darum, aus einer die Reise gefährdenden Situation (z.B. der Begegnung mit dem Dorfsheriff) zu entkommen. Dies ist auch der Grund dafür, warum im Text der moralische Zeigefinger trotz der zahlreichen nicht gesetzeskonformen Handlungen nicht erhoben wird. Maik und Tschick haben letztlich keine bösen Absichten, sie wollen niemanden verletzen. Es ist ohne weiteres nachvollziehbar, dass zwei jugendliche Ausreißer fernab von erwachsenen Aufsichtspersonen sich nicht so verhalten, als stünden sie unter ständiger Beobachtung. Am Ende gibt Maik seinem Vater gegenüber zwar zu, »Scheiße gebaut [zu] haben« (228), dennoch ist vollkommen klar, dass er sein Abenteuer nicht bereut. Die moralischen Ermahnungen des Richters hinge-

Priorität: Fortsetzung der Reise

gen scheint Maik ernster zu nehmen, da sie Dinge betreffen, »wo man dachte, es geht am Ende um Leben und Tod« (237), und das entspricht, bezogen auf ihren Unfall, auch den Tatsachen. Maik und Tschick entgehen nur mit viel Glück weitreichenderen Konsequenzen ihres Leichtsinns, der Unfall hätte auch anders ausgehen können.

## Motivik und Symbolik

Es wurde schon mehrfach darauf hingewiesen, dass das zentrale Motiv des Romans die Reise bzw. das Ausreißen Maiks und Tschicks ist. Es geht um zwei jugendliche Außenseiter, die sich auf eine Fahrt ins Ungewisse begeben, durch gemeinsam Erlebtes und Überstandenes sich als Freunde finden und am Ende reich an neuen Erfahrungen heimkehren. Die Walachei, die zu Beginn auf Tschicks Vorschlag hin das Ziel dieser Reise bildet, wird zunehmend zum reinen Symbol, zu einem verschwommenen Fluchtpunkt am Horizont. Es geht nicht wirklich darum, dieses Ziel zu erreichen, sondern das Unterwegssein selbst steht im Mittelpunkt, der Weg selbst ist das Ziel. Dies zeigt sich beispielsweise daran, dass sie sich weder vor Beginn der Reise die Route in Richtung Walachei anschauen noch Kartenmaterial mitnehmen. Der einzige Anhaltspunkt ist eine vage Himmelsrichtung: Maik weiß, dass Rumänien von ihnen aus gesehen südlich liegt. Zwar versuchen sie herauszufinden, wie man die Himmelsrichtung genauer bestimmen kann, doch spielt es eine sekundäre Rolle, ob dies dann auch tatsächlich gelingt. »Ich hatte

Die Walachei – symbolischer Fluchtpunkt

den Verdacht, dass wir überhaupt nicht vorangekommen waren mit unseren Landstraßen und Feldwegen. Aber es war auch ziemlich egal« (165). Die Walachei, von der Maik anfänglich denkt, sie sei nur ein imaginärer Ort, wird am Ende auch zu genau einem solchen Phantasiegebilde. Sie symbolisiert einen Ort, der weit genug von Maiks Problemen weg ist, stellt ein halb-konkretes Ziel dar, das sie durch ihr Unterwegssein allein quasi immer oder ständig schon erreichen – auch wenn sie dem geographischen Ort nicht einmal ansatzweise nahe kommen.

Ein Symbol, das gleichzeitig jegliche Symbolik parodiert, ist das kleine braune Fläschchen, das Horst Fricke den beiden für ihre Weiterfahrt mitgibt: »Wir sollten es nur aufmachen, wenn wir in Not wären, […] wenn die Lage so ernst wäre, dass wir nicht mehr weiterwüssten, und vorher nicht, dann würde es uns helfen« (188). Das Fläschchen ähnelt dem geheimnisumwobenen Elixier, das dem Helden seit Menschengedenken in einer Situation großer Aussichtslosigkeit auf wundersame Weise das Leben rettet. Und was machen Maik und Tschick? Sie öffnen es sofort und werfen es aufgrund seines schlechten Geruchs aus dem Fenster. Angesprochen auf dieses mysteriöse Elixier, sagte der Autor, dass ihn jemand auf das Schema der Heldenreise aufmerksam gemacht habe, wo es immer ein Elixier oder einen Schatz zu finden gelte: »Habe ich natürlich gleich eingebaut«[10]; die Bedeutsamkeit bzw. Symbolträchtigkeit des Fläschchens wird freilich durch das achtlose Wegwerfen ad absurdum geführt. Zur Bedeutung dieses Fläschchens könne er nichts sagen, so Herrndorf, er wisse auch nicht, was es damit auf sich habe.

An dieser Aussage zeigt sich Herrndorfs zurückhaltende

Einstellung gegenüber Interpretationen. Er ist der Ansicht, dass man nicht mit Gewissheit sagen könne, was etwas bedeuten solle, dass man vieles einfach nicht wissen könne. Wie bei jedem anderen Werk gilt also auch bei *Tschick*: Es gibt nicht eine einzige wahre, allein richtige Interpretation des Romans oder einzelner Motive und Symbole, es kommt vielmehr darauf an, die eigenen Überlegungen auf den Text zu beziehen und sie möglichst gut belegen zu können.

# 7. Autor und Zeit

Wolfgang Herrndorf wurde am 12. Juni 1965 in Hamburg geboren. Er studierte Malerei an der Akademie der Bildenden Künste in Nürnberg. Vor allem begeisterte er sich für die niederländische Malerei des 17. Jahrhunderts. Weil ihm die Nürnberger Akademie als »konservativ« empfohlen wurde, wählte er diesen Studienort. Doch das Studium konnte seinen Interessen und Ansprüchen nicht genügen. »Unter Professoren und Kommilitonen, die die Selbstakklamation [Selbsternennung] des zeitgenössischen Avantgardekünstlers einstudierten und die künstlerische ›Position‹ höher einstuften als das Handwerk, muss er ein regelrechter Alien gewesen sein«[11], bemerkte sein Freund Holm Friebe. Nach seinem Studium zog Herrndorf nach Berlin und arbeitete als Illustrator, unter anderem für den Haffmanns Verlag und das Satiremagazin *Titanic*. Seinen Wechsel von der Malerei zur Literatur beschreibt er (im Interview (vgl. Anm. 1) so: »Ich habe am Ende nur noch Comics gemacht. Bei denen wurden dann irgendwann die Bilder immer kleiner und der Text immer größer, und irgendwann gab es überhaupt keine Bilder mehr.« Sein Debüt als Schriftsteller gab Herrndorf 2002 mit dem Berlin-Roman *In Plüschgewittern*. Nebenbei war er begeisterter Fußballspieler und Mitglied der deutschen Fußballnationalmannschaft der Autoren, genannt *Autonama*.

Im März 2004 fasste er den Plan, einen Jugendroman zu schreiben, nachdem er alte Jugendbücher gelesen hatte: »Um nicht alles wieder zu vergessen, hackte ich in den folgenden zwei, drei Tagen 150 Seiten als Gedankenstütze runter.«[12]

Erkrankung und Diagnose

Tagebuch eines Sterbenden: *Arbeit und Struktur*

Anfang 2010 wurde bei ihm ein bösartiger Hirntumor, ein Glioblastom, diagnostiziert. Aussicht auf Heilung gab es nicht, auch konnte ihm niemand sagen, wie viel Zeit er noch zu leben hätte. Der Entschluss, die ihm noch verbleibende Zeit mit Schreiben zu verbringen, verursachte einen beinahe rasenden Arbeitseifer. In seinem Blog *Arbeit und Struktur*, der zunächst nur seinem Freundeskreis offenstand, dann aber auch für die Öffentlichkeit online ging und inzwischen als Buch veröffentlicht wurde, berichtete Herrndorf von seiner täglichen Arbeit, dem Umgang mit dem Bewusstsein des ihm sicheren Todes, ohne jedoch zu wissen, wie viel Zeit ihm noch genau bleiben würde. In diesem Tagebuch dokumentierte er auch den Entschluss, die Arbeit an dem geplanten Jugendroman wieder aufzunehmen, den er bereits sechs Jahre zuvor zu schreiben begonnen hatte. Am 13. März 2010 notierte er: »Gib mir ein Jahr, Herrgott, an den ich nicht glaube, und ich werde fertig mit allem (geweint).«[13] Dass sein Jugendroman *Tschick* der Überraschungserfolg des Jahres werden würde, ahnte er zu diesem Zeitpunkt nicht: Er wünschte sich, vor seinem Tod noch eine dreitausend Exemplare starke Auflage zu erleben. Die Jahre zuvor konnte Herrndorf sich mit seiner künstlerischen und schriftstellerischen Tätigkeit zwar mit Mühe und Not über Wasser halten, doch von materieller Sicherheit oder gar Überfluss konnte keine Rede sein. Umso verständlicher ist sein bitterer Blogeintrag im Januar 2011: »Gerade werden die Filmrechte [von *Tschick*] verhandelt. Und das ist

Arbeit an *Tschick*

vielleicht der Punkt, wo ich dann doch so eine Art Ressentiment empfinde: 25 Jahre am Existenzminimum herumgekrebst und gehofft, einmal eine 2-Zimmer-Wohnung mit Ausblick zu haben. Jetzt könnte ich sechsstellige Summen verdienen, und es gibt nichts, was mir egaler wäre.«[14]

Dreieinhalb Jahre lebte und arbeitete Herrndorf mit der tödlichen Krankheit in seinem Kopf. Er suchte genau aus, wofür es sich für ihn lohnte, Zeit aufzuwenden. Interviews und Lesungen und andere Anfragen lehnte er nahezu ohne Ausnahme ab. Am Ende wählte er die von ihm in seinem Blog angekündigte »Exitstrategie«: Die befreundete Autorin Kathrin Passig teilte der Welt via Twitter mit, dass Herrndorf sich am 26. August 2013 erschossen habe. An ihren Tweet angelehnt ist auch der letzte Eintrag in den Blog *Arbeit und Struktur*. Was bleibt, ist das Archiv des Blogs, in dem man die letzten Jahre des Schriftstellers miterleben kann, Einblick in seine Gedanken erhält und viel über Literatur erfährt – seine eigene und die, die es sich seiner Meinung nach zu lesen oder auch nicht zu lesen lohnt. Als literarische Bezugspersonen nannte Herrndorf dort beispielsweise Vladimir Nabokov und Marcel Proust, aber auch J. D. Salinger und Ágota Kristóf.

Freitod

Aus seinem Blog geht auch hervor, dass er ein sehr genauer und disziplinierter Schreiber, ein Perfektionist war. Sein Freund Holm Friebe, der kurz nach Herrndorfs Tod ein Porträt über diesen in der Zeitung *Die Welt* veröffentlichte, berichtet, dass er »Wochen damit zubringen [konnte], an einem Tag ein Komma zu setzen, welches er am darauffolgenden wieder entfernte.«[15] Der Tumor in seinem Kopf zwang ihn schließlich zur Eile.

Auch der Entstehungsprozess *Tschicks* lässt sich beim Lesen des Blogs verfolgen. Immer wieder gibt der Autor Einblicke in seine Gedanken und Einfälle zur Handlung oder zu den Charakteren. So notierte er beispielsweise am 28. April 2010: »Endlich schleppt sich die Romanhandlung raus aus Berlin. Der Lada ist fachmännisch kurzgeschlossen, und grad hab ich die Jungs auf die Autobahn gejagt und mich unter den Tisch gelacht über den Einfall, daß sie keine Musik hören können.« In der »Gegenwartsjugendliteratur« sei es »zwingend notwendig, die Helden identitätsstiftende Musik hören zu lassen«.[16] Er lässt Maik und Tschick schließlich unter der Fußmatte des Ladas eine alte Kassette finden, die »Solid Gold Collection von R. Clayderman, und ich weiß auch nicht, warum mich das so wahnsinnig lachen läßt, aber jetzt kacheln sie gerade mit Ballade pour Adeline ihrem ungewissen Schicksal entgegen. Projekt Regression [Rückschritt auf ein früheres Niveau, oft in die Kindheit]: Wie ich gern gelebt hätte.« Autobiographisch ist nur weniges in dem Buch, vor allem »die Szenen mit dem Sternenhimmel, mit Starship Troopers und der Entdeckung der Nacht. Wie der Held sich erinnert, mit acht Jahren in der Dunkelheit durch den Hogenkamp gejoggt zu sein, [das ist] die einzige wirklich autobiographische Stelle«.[17] Noch während Herrndorf an den letzten Korrekturen des Romans arbeitete, lehnte er, wie bereits erwähnt, sämtliche Anfragen nach den bei einer Neuerscheinung üblichen Interviews, Lesereisen und Werbeauftritten ab. Er fragte sich, ob das eine gute Entscheidung war. »Das Ding wird untergehen wie ein Stein, und dann bin ich auch noch unglücklich die nächsten Wochen.«[18] Das Ganze sei »[s]tilistisch fragwürdige Pennälerprosa mit Allerweltseinfällen, als Ganzes strukturlos. Auch die letzte Szene – wen interessiert's?«[19] Seine Befürchtungen sollten sich nicht bewahrheiten. Auch ohne eine große Werbemaschinerie im Rücken überzeugte *Tschick* Leser und Kritiker.

### Weitere Werke

**2002:** *In Plüschgewittern* (Roman). Herrndorfs Debütroman führt den ca. dreißigjährigen Protagonisten, der nicht weiß, was er vom Leben will, nach Berlin. Berlin ist der Ort, an dem ein solcher orientierungsloser Drifter, »der an sich und der Welt leidet«[20], Zuflucht finden kann. Ohne genau zu wissen, wonach er eigentlich sucht, begibt er sich auf die Suche. Der Roman wurde von Kritikern dem zu seinem Erscheinungszeitpunkt bereits abgenutzten Genre der Popliteratur zugeordnet und dennoch gelobt. »Verkrachte Existenz fährt durch die Gegend, bleibt für ein paar Tage in Berlin hängen, kriegt auch dort nicht sonderlich viel auf die Reihe, fährt wieder weg und kommt schließlich offenbar – genau erfährt man's nicht – ums Leben, Klappe zu, Affe tot, Buch zu Ende. Kann das noch funktionieren? Es funktioniert. Es funktioniert sogar ziemlich gut«[21], bemerkte ein Kritiker.

**2007:** *Diesseits des Van-Allen-Gürtels* (Erzählungen). Dieser Band mit Erzählungen enthält sechs Geschichten, deren Figuren miteinander verbunden (befreundet, verwandt, bekannt, zur selben Zeit am selben Ort) sind und die jeweils als Geschichte dennoch alle für sich allein stehen können. Für die frühe Fassung der Titelerzählung erhielt Herrndorf 2004 den Publikumspreis beim Klagenfurter Literaturwettbewerb. In dieser Erzählung unterhält sich ein Mann mit dem Nachbarsjungen auf dem Balkon über Raumfahrt, anstatt zu der Party seiner Freundin zu gehen. Ebendiese Party ist es, auf der sich die Figuren aller Geschichten in der letzten Erzählung des Bandes begegnen.

**2007:** *Die Rosenbaum-Doktrin.* Bei diesem Text handelt es sich um ein fiktives Interview. Der Erzähler, der den Namen des Autors trägt, unterhält sich mit dem Kosmonauten Friedrich Jaschke im Altersheim über die Entwicklung der Raumfahrt nach Ende des Zweiten Weltkriegs. Der Alte berichtet Herrndorf von der Existenz einer angeblichen Doktrin, der Rosenbaum-Doktrin, in der beschrieben ist, wie mit übersinnlichen Erlebnissen im Weltall umgegangen werden soll.

**2011:** *Sand* (Roman). Herrndorf selbst ordnete dieses Werk dem Genre des »Trottelromans« zu (»Alle handelnden Personen sind Trottel«[22]), die Rezensionen wählten Agentenroman oder Thriller bzw. bezeichneten ihn als Parodie dieser Genres. Der Roman spielt 1972 irgendwo in Nordafrika und besteht aus zahlreichen Handlungssträngen, die erst nach einiger Zeit miteinander verbunden werden, ein eindeutiges Thema ist kaum zu benennen. Herrndorf bezeichnet *Sand* in seinem Blog als einen nihilistischen (an nichts glaubenden) Gegenentwurf zu *Tschick.* Für *Sand* erhielt Herrndorf 2012 den Preis der Leipziger Buchmesse, für den 2011 bereits *Tschick* nominiert worden war.

Wolfgang Herrndorf, im Frühjahr 2008. – © Mathias Mainholz

## 8. Rezeption

Literarischer Durchbruch

*Tschick* machte Wolfgang Herrndorf berühmt. Zwar hatte er zuvor schon zwei Prosawerke veröffentlicht, die ihm bei Kritikern Ansehen einbrachten. Der große Erfolg, vor allem beim breiten Publikum, war jedoch ausgeblieben. Als *Tschick* im Herbst des Jahres 2010 erschien, rechnete niemand mit einem durchschlagenden Erfolg, am wenigsten der Autor selbst. Ohne große Unterstützung durch eine eigene Werbekampagne erschien *Tschick*, zunächst kaum bemerkt, auf dem Buchmarkt. Am 8. Oktober 2010 notierte Herrndorf in seinem Blog: »Drei Wochen ist Tschick raus, und in keiner Buchmessenbeilage und keiner Zeitung. Es ist mir nicht so gleichgültig wie früher.«[23] Aber die fehlende Werbung sollte den Verkaufszahlen keinen Abbruch tun. Im Juni 2013 meldete der Rowohlt-Verlag, dass *Tschick* die Eine-Million-Grenze verkaufter Exemplare durchbrochen habe.

Bis dato wurden die Rechte an dem Roman in 26 Länder verkauft; zweieinhalb Jahre nach seinem Erscheinen stand er immer noch auf der *Spiegel*-Bestsellerliste für Taschenbücher. Rangierte *Tschick* in der ersten Hälfte des Jahres 2013 in den Top 20, schnellte der Roman nach Herrndorfs Tod Ende August desselben Jahres sogar auf Platz 1.[24] *Tschick* wurde mehrfach mit Preisen ausgezeichnet. Für seinen Roman erhielt der Autor den Clemens-Brentano-Preis, den Hans-Fallada-Preis und den Deutschen Jugendliteraturpreis. Letztere Auszeichnung wurde durch die Jury folgendermaßen begründet: »*Tschick* ist ein Abenteuer- und auch ein

Auszeichnungen

Bildungsroman, mit dem Herrndorf die Modernisierung seiner Kindheitslektüren perfekt gelungen ist. Das feine Gespür des Autors für jugendrelevante Themen, komische Dialoge, der jugendlich-authentische Erzählton und der bis zum filmreifen Finale konsequent durchgehaltene Spannungsbogen machen den Roman herausragend.«[25]

Adaption für die Bühne

Der Dramaturg Robert Koall, ein langjähriger Freund Herrndorfs, der an seiner statt auch auf Preisverleihungen ging, bearbeitete bzw. adaptierte *Tschick* für die Theaterbühne. Am 19. November 2011 wurde *Tschick* im Dresdner Schauspielhaus unter der Regie von Jan Gehler uraufgeführt. Schnell nahmen auch zahlreiche andere Theater in Österreich, der Schweiz und in Deutschland *Tschick* in ihren Spielplan auf. Die drei Schauspieler der Dresdner Inszenierung, Benjamin Pauquet, der Maik spielt, Sebastian Wendelin in der Rolle des Tschick und Lea Ruckpaul als Isa, wurden 2012 mit dem Günther-Rühle-Preis der Stadt Bensheim ausgezeichnet. Eine Hörspielfassung des Romans existiert ebenfalls. Eine Verfilmung ist in Planung.

Bis zuletzt arbeitete Herrndorf an einer Fortsetzung zu Tschick aus Isas Perspektive – er war sich dabei bewusst, dass er dieses Projekt nicht zu Ende führen würde. »Wenn ich noch eine Chance sähe, ›Isa‹ fertigzustellen, wäre mit dem Blog Schluss«[26], schreibt er am 19. April 2013.

*Tschick* im Unterricht

Auch in den Deutschunterricht hat *Tschick* längst Einzug gehalten. Die lockere Sprache des Erzählers, das Abenteuerliche der Reise, die melancholisch-fröhliche Stimmung des Romans, verbunden mit den wichtigen Themen des Erwachsenwerdens, ermöglichen einen guten Zugang zu einem populären Stück Gegenwartsliteratur. Herrndorf berichtete in *Arbeit und Struktur*, dass er zahlreiche Briefe von Schülern erhalten habe. Für einige waren diese Briefe eine Hausaufgabe: »Wie ich das gehaßt hätte in der Neunten. Und in jeder anderen Klasse auch. Briefe an irgendwelche Idioten schreiben, glücklicherweise thematisieren das einige auch. Aber alle ziehen sich wie ohne Mühe aus der Affäre, auch die beiden Rüpel aus der letzten Reihe, einwandfrei, hätte ich nicht gekonnt in dem Alter.«[27] Eine Antwort auf ihre Anfragen bekam keiner von ihnen, dafür fehlte Herrndorf die Zeit.

# 9. Checkliste

## Hintergrundinformationen

1. Wie kam Wolfgang Herrndorf auf die Idee, ein Jugendbuch zu schreiben?
2. Welches sind die Lebensdaten des Autors?
3. Warum setzte er seinem Leben ein Ende?
4. Was studierte er?
5. Wie lautet der Titel von Herrndorfs Blog und was ist das Besondere daran?
6. Das Œuvre des Autors besteht neben *Tschick* lediglich aus drei weiteren Büchern und einer kurzen Erzählung.
   - Benennen Sie die Werke Herrndorfs.
   - Welchen Genres werden sie jeweils zugeordnet?

## Struktur, Inhalt, Personen

7. Stellen Sie die Stationen der Reise in wenigen Stichworten dar.
8. Wo spielt die Handlung?
9. Welchen Zeitraum umfasst die Handlung?
10. Nehmen Sie Stellung zu Erzählperspektive und Erzählform.
11. Mit welchem Spitznamen wurde Maik kurzzeitig von seinen Klassenkameraden angesprochen?
    - Erläutern Sie den Grund für diesen Spitznamen.
    - Wie kommt es dazu, dass Maik den Spitznamen wieder verliert?
12. Tschick liest im Deutschunterricht seine Interpretation der Geschichte des Herrn K. vor. Welcher Schriftsteller

hat diese Geschichte verfasst? Was passiert in der Geschichte genau? Überzeugt Sie seine Interpretation?

13. Woher stammen Tschick und sein Bruder? Wie lange sind sie schon in Deutschland?
14. Stellen Sie eine Vermutung an, warum Maik zu Tschick in den Lada steigt. Begründen Sie diese genauer.
15. Charakterisieren Sie Maik und Tschick. Worin unterscheiden sie sich, was verbindet sie?
16. Wie entwickelt sich die Freundschaft zwischen Maik und Tschick?
17. Umreißen Sie jeweils kurz das Elternhaus bzw. das soziale Umfeld der beiden Protagonisten.
18. Welche Konsequenzen folgen für Maik und Tschick aus ihrer unerlaubten Reise?
19. Inwiefern findet Maik durch die Reise mehr zu sich selbst?
20. Wie wird im Roman mit Homosexualität umgegangen?

Interpretation und Rezeption

21. Inwiefern kann *Tschick* als »Roadnovel« bezeichnet werden? Inwiefern ist der Roman eine Heldenreise?
22. Welche weiteren Genreklassifizierungen erhielt der Roman noch? Welche finden Sie angemessen?
23. Nennen Sie Gründe für den großen Erfolg, den der Roman durch alle Altersgruppen hindurch hat.
24. Zum gegenwärtigen Zeitpunkt existiert noch keine Verfilmung von *Tschick*. Überlegen Sie sich, welche beiden Schauspieler Sie für die Rollen des Maik und des Tschick wählen würden. Begründen Sie Ihre Wahl.

25. Die Sprache des jugendlichen Erzählers wurde von der Kritik hochgelobt und für authentisch befunden. Ist es Herrndorf Ihrer Ansicht nach gelungen, die Sprache eines Vierzehnjährigen zu treffen? Nehmen Sie Stellung dazu und geben Sie Beispiele an.

# 10. Lektüretipps

## Textausgaben

Herrndorf, Wolfgang: Tschick. 24. Auflage. Reinbek bei Hamburg: Rowohlt Taschenbuch Verlag, 2012. – *Nach dieser Ausgabe wird zitiert.*
– In Plüschgewittern. 4. Auflage. Reinbek bei Hamburg: Rowohlt Taschenbuch Verlag, 2013.
– Diesseits des Van-Allen-Gürtels. 4. Auflage. Reinbek bei Hamburg: Rowohlt Taschenbuch Verlag, 2009.
– Die Rosenbaum Doktrin. Berlin: SuKuLTuR, 2007.
– Sand. 4. Auflage. Reinbek bei Hamburg: Rowohlt Taschenbuch Verlag, 2013.
– Arbeit und Struktur. Berlin: Rowohlt, 2013.

## Weiterführende Quellen

Herrndorfs Blog: *Arbeit und Struktur*. Zu finden unter *www.wolfgang-herrndorf.de*. Dort findet sich auch ein Outtake aus *Tschick*.
Bühnenfassung: *Tschick*. Bearbeitet von Robert Koall. Uraufführung am 19. November 2011 in Dresden.
Hörbuch: Berlin: Argon-Verlag, 2011. Gelesen von Hanno Koffler.

## Anmerkungen

1 »Wann hat es ›Tschick‹ gemacht, Herr Herrndorf?«. Kathrin Passig im Gespräch mit Wolfgang Herrndorf, F.A.Z. vom 31. Januar 2011 (*www.faz.net/aktuell/feuilleton/buecher/autoren/im-gespraech-wolfgang-herrndorf-wann-hat-es-tschick-gemacht-herr-herrndorf-1576165.html*).

2 Ebd.

3 Felicitas von Lovenberg: »Wenn man all die Mühe sieht, kann man sich die Liebe denken«. Rezension zu Wolfgang Herrndorfs »Tschick«. F.A.Z. vom 15. Oktober 2010 (*www.faz.net/aktuell/feuilleton/buecher/rezensionen/belletristik/wolfgang-herrn dorf-tschick-wenn-man-all-die-muehe-sieht-kann-man-sich-die-liebe-denken-1613025.html*).

4 Vgl. Meldung des *Börsenblattes* vom 13. Juni 2013 (*www.boersen blatt.net/ 626041/*).

5 Vgl. z. B. Christopher Vogler: *Die Odyssee des Drehbuchschreibers. Über die mythologischen Grundmuster des amerikanischen Erfolgskinos.* 6. Auflage. Frankfurt am Main: Zweitausendeins, 2010.

6 Vgl. »Analytisches Drama«. In: *Reallexikon der deutschen Literaturwissenschaft.* Bd. 1: A–G. Hrsg. von Georg Braungart, Harald Fricke et al. Berlin: De Gruyter, 1997. S. 81ff.

7 Die Redewendung »den Stecker ziehen« findet sich auch in Herrndorfs Blog *Arbeit und Struktur* an einigen Stellen. Wer da auf wen abgefärbt hat, bleibt Spekulation.

8 Zit. nach: siehe Anm. 1.

9 Wolfgang Herrndorf: *Arbeit und Struktur.* Eintrag vom 24. März 2010. (*www.wolfgang-herrndorf.de*), S. 33.

10 Zit. nach: siehe Anm. 1.

11 Holm Friebe: »Aus der Welt gefallen«, *Welt am Sonntag* vom 1. September 2013 (*http://www.welt.de/kultur/literarischewelt/article119582881/Aus-der-Welt-gefallen.html*).

12 Wolfgang Herrndorf: *Arbeit und Struktur.* Rückblende, Teil 3: Ein Telefonat. S. 113.

13 Ebd., Eintrag vom 13. März 2010, S. 22.
14 Ebd., Eintrag vom 15. Januar 2011, S. 182.
15 Zit. nach: siehe Anm. 10.
16 Wolfgang Herrndorf: *Arbeit und Struktur*, Eintrag vom 28. April 2010, S. 49.
17 Ebd., Eintrag vom 11. Mai 2010, S. 55.
18 Ebd., Eintrag vom 27. Juli 2010, S. 72
19 Ebd., Eintrag vom 19. Juli 2010, S. 71.
20 Wolfgang Herrndorf: *In Plüschgewittern*. Klappentext der 1. Auflage, Frankfurt am Main: Zweitausendeins, 2002.
21 Klaus Cäsar Zehrer: »In der Stadt des ironischen Möbelfachgeschäfts. Wolfgang Herrndorfs erster Roman ›In Plüschgewittern‹« (*www. literaturkritik.de/public/rezension.php?rez_id=5953*).
22 Zit. nach: siehe Anm. 1.
23 Wolfgang Herrndorf: *Arbeit und Struktur*. Eintrag vom 8. Oktober 2010, S. 150.
24 Vgl. Spiegel-Online Bestsellerliste Taschenbuch, Stand KW 37 2013 (*www.spiegel.de/kultur/kino/uebersicht-bestseller-a-458623.html*).
25 Jurybegründung der Verleihung des Deutschen Jugendliteraturpreises 2011 (*www.djlp.jugendliteratur.org/2011/preistraeger_jugendbuch-16.html*).
26 Wolfgang Herrndorf: *Arbeit und Struktur*. Eintrag vom 19. April 2013, S. 405.
27 Ebd., Eintrag vom 18. Juni 2011, S. 212.

# Raum für Notizen

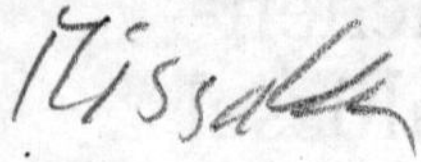